hommes et montagnes

Vivre ici en Oisans

Texte :
Roger Canac
Photos :
Bernard Boyer

Vivre ici en Oisans

Glénat

Dans la même collection :
Odette Bernezat : Hommes des montagnes du Hoggar
Bernard Amy : Le meilleur grimpeur du monde
Samivel et S. Norande : Les grands passages des Alpes

ISBN : 2-7234-0545-1

A ma famille, pour se souvenir...
Aux amis présents dans ce livre
et à ceux qui auraient pu y être...

CHAPITRE **1**

Ouverture

Il est des images qui vous saisissent. Parce qu'elles vont au-delà des objets, des formes, des visages, des paysages. Parce qu'elles laissent pressentir l'intérieur. Telle est la réflexion que je me posais à la vue de quelques photographies que Bernard Boyer exposait. Je voulus en connaître l'auteur.

Depuis quelques années, il vagabonde à travers l'Oisans, vivant avec Petit Pierre et Victor de Clavans, Rémy de la Bérarde, Pierre du Puy et Pierre de Bénardière, avec les Bessats et les Bessates. Il en a fait un film et un diaporama (comme on dit), où Pierre du Puy, Petit Pierre, le Père Hugues continuent à vivre parmi nous.

Cette rencontre me décidait à écrire des réflexions que suscitaient ces images : en résonance.

Il est vain de commenter ce qui est donné à voir. Tantôt cheminant de compagnie, tantôt bifurquant, nous avons décidé de donner libre cours à la manière dont ce pays d'Oisans — où nous vivons — nous interpelle, nous étreint, et, pourquoi ne pas l'avouer, nous inspire.

Il s'agit en somme de présenter non pas des paysages vus du dehors mais un pays vu du dedans. Avec ses fiertés, ses angoisses, ses coups de gueule et ses coups de cœur.

Il s'agit de l'interroger à travers ses traditions plutôt que son histoire, son patrimoine plutôt que la géologie, la flore, la faune, la géographie, à travers son peuple.

Qu'allons-nous devenir ? A quoi nous raccrocher ?

Bernard écrit avec la lumière. J'écris avec des mots mais surtout des souvenirs (fragmentaires mais exemplaires), des repentirs et des attachements.

Vivre ici en Oisans. Affirmation et fierté. Interrogation et inquiétude. Tel est le propos que nous te livrons ami lecteur.

CHAPITRE 2

Vous avez dit sauvage

« Plus la bête monte,
plus elle a le poil fin »
Vieux proverbe bessat

L'Oisans se doit d'être, par définition, sauvage. C'est devenu habitude et lieu commun. Là-dessus on enchérit et on surenchérit on en ajoute et on en rajoute. Face à la montagne on hyperbole. Oh ! monts affreux, oh ! monts sublimes.

Chaque fois qu'on n'est pas sûr de son fait on force la voix on invente des formules à l'emporte-pièce, on martèle des phrases définitives.

Vous avez dit sauvage.

Oublierez-vous la venue du jour comme d'une porte qui s'entr'ouvre et le reflet apaisé du couchant sur la montagne comme d'une lampe qui s'éteint ? Lumière argentée des aurores qui frange les crêtes d'Emparis ou des Agneaux. Du balcon de Mizoën, par-dessus les épaules des antiques glaciers, j'ai contemplé sur le Taillefer maints royaux couchers de soleil.

Oublieriez-vous que les tempêtes et les météores ne nous tombent pas dessus avec la brutalité imprévisible des catastrophes ? Dans ce pays le temps s'annonce. A l'air du soir et aux signes du petit matin. Selon les heures de la journée aux ombres et aux reliefs, au visage des lacs et des roches. Aux nuages amoncelés aux cols, ces portes du vent et de la pluie.

L'ignorent ceux qui ayant des yeux ne voient point, ceux qui ayant une peau ne sentent point les caresses des vents, les haleines humides de l'atmosphère, ceux dont les oreilles ne sondent point le matelas du silence, l'écho des bruits et les gémissements de la terre.

Vous avez dit sauvage ?

Oublierez-vous que les creux, les flancs, les bosses, nus ou boisés, cachent les chemins où circulent les hommes, leurs bêtes de somme et leurs troupeaux, les coulées des animaux discrets et des bêtes furtives ? Oublierez-vous que la forêt cache ses arbres divers et les fleurs de l'ombre, que l'herbe des alpages cache des plantes aux merveilleuses vertus, aux magiques secrets.

Oublieriez-vous que dans ce pays, les moutons se gardent sans bergers ? Libres. Vous les trouvez au voisinage des crêtes. Leurs sentiers nous indiquent le passage à travers les barres rocheuses et les précipices. Vous les trouvez sur les névés et ils animent la solitude nocturne des bivouacs. Par petits troupeaux indépendants ils occupent, pendant l'été, les vallons apparemment solitaires : l'Alpe du Pin, la Mariande, la Lavey et l'Etret, le Soreiller et Bonne Pierre. Seul lien qui les relie à l'homme : le sel que les pâtres-paysans renouvellent.

Vous avez dit sauvage ?

Qui provoque les drames ? De la montagne, qui est ce qu'elle est, ou de l'homme conquérant ? Papillon fou, il lui arrive de se fracasser contre les rochers ou de s'engager sous les déversoirs de pierres aveugles.

Que reprocher à la neige qui parfois se déchire comme un manteau de soie, dévale comme un nuage ou une cascade, s'écoule comme un fleuve ? Je pense à cette journée d'hiver où plusieurs skieurs dits « sauvages » se trouvèrent engloutis dans son froid linceul. Jamais, du Rochail à la Muzelle et à Lauranoure les pentes n'avaient paru si sereines dans le soleil.

Vous avez dit sauvage ?

Oublieriez-vous que ces gens nés ici sont avides de terre, parce que la terre de leurs ancêtres fut rare et ingrate ?

Oublieriez-vous que ces gens vivant ici, bornés, se reconnaissent à la ligne des horizons qui les identifient et délimitent leurs songes, à l'air de leur pays plus vif et plus doux qu'ailleurs.

Oublieriez-vous que ces gens d'ici sont peu disants parce qu'ils ont appris ce que parler veut dire ou ne pas dire. Evasifs parce que leur expérience est trop contradictoire et trop aléatoire pour se mettre en formules. Incertains comme la vie qui a son envers et son endroit, son dehors et son dedans, son dessus et son dessous, son bon et son mauvais côté. Réticence et retenue, humeur et humour.

Vous les avez trouvés mesquins parce qu'ils ont appris ce qu'économiser veut dire : les mots et les pas, le pain et l'effort. Conserver toute chose en prévision des temps de disette.

Vous avez étudié, photographié, interrogé des indigènes, objets d'ethnologie et vous êtes passés à côté des sages.

Vous avez laissé partir les paysans, mourir des villages et un pays, pour conserver des paysages. Croyant recueillir l'or d'une civilisation il vous est resté dans la main le sable des apparences : un folklore de pacotille.

Vous avez dit sauvage ?

Je vais vous en donner un exemple.

C'était par une belle journée d'hiver. Nous avions décidé avec Henri Turc, paysan, éleveur de moutons, facteur de la vallée et guide du Vénéon, auteur avec son Adèle d'une nombreuse famille, d'aller « faire un tour par en haut ». Entendez, d'aller rendre visite aux derniers hameaux de la vallée, endormis dans l'hiver. Faisant halte à sa maison des Etages, Henri me dit « Maintenant, tu vas voir. Tu montes faire un tour à la Bérarde pendant que je regarde si tout va bien ici. Il faut que tu sois de retour à midi sans faute ! »

A mon arrivée, Henri avait préparé devant sa porte une table, deux verres et une bouteille de vin blanc. A midi et demie le soleil était au rendez-vous pour un passage furtif dans la Brêche du Vallon des Etages. Et nous avons trinqué à la santé du soleil.

En redescendant Henri me confie : « J'aimerais bien profiter de l'occasion pour aller dire bonjour chez Maria, mais, tu vois, ils doivent être à table maintenant... On ne dérange pas les gens pendant le repas... Tant pis, on file. »

Quelle leçon ! Le repas, souvent frugal, est pour les gens d'ici (ou ce qu'il en reste) plus qu'une « bouffe », un moment privilégié d'être ensemble, en famille, une célébration.

J'aimerais faire entendre les propos d'Henri aux civilisés qui n'hésitent pas à vous agresser de leurs « coups » de téléphone parce qu'ils sont sûrs de vous « coincer » au moment des repas. Mais ils semblent en connaître si long sur la vie conviviale et la vie sauvage dont ils savent si bien faire l'éloge.

Henri, dans sa retraite, entretenait un âne (son « ministre »). Quasiment à ne rien faire. « Mon âne, moi, disait-il, je le garde par distraction ». Et je suppose que ce compagnon, qui n'avait plus rien à lui apprendre aurait pu faire la morale aux donneurs de leçons de ces temps... Seulement, leur aurait-il fallu des oreilles...

Le civilisé vient donc établir sa résidence (souvent secondaire) dans l'Oisans sauvage. Et alors il prend un soin maniaque à clôturer sa parcelle, « s'oubliant » parfois à bloquer le chemin de desserte, voisinage fâcheux. Il passe, dirait-on, le plus clair de son temps à se clore, à boucler portes et fenêtres, à se cadenasser à triple tour, voire à dresser des pancartes comminatoires (comme toutes les pancartes, même si elles n'en ont pas l'air, qui fleurissent aujourd'hui tous les cent pas).

Le paysan d'ici a toujours vaqué dans des champs ouverts et sans clôtures, chacun respectant l'herbe d'autrui. Quittant sa maison il cachait la clé sous une lauze du seuil ou dans un trou de mur. Précaution symbolique. Et pourtant, les rapports de voisinage souvent compliqués de rivalités farouches et ancestrales ne manquaient pas d'épines : conflits de bornage, de partage ou d'indivision, querelles de clans...

Seulement, dans ce pays, les usages primaient sur les lois écrites, les règlementations et les pancartes.

Vous avez dit sauvage ?

Ce choix n'impliquerait-il pas d'être bien né ? d'avoir connu une enfance protégée afin de se permettre de courir des risques, bien nourrie afin d'apprécier les privations, bien éduquée afin de pouvoir faire l'éloge de la rudesse. Il faut avoir été épargné des interminables gardes des troupeaux grelottantes dans le froid et la pluie pour braver les tempêtes. Il faut avoir été exempté des travaux prématurés qui vous vieillissent, des efforts excessifs d'une enfance besogneuse et des tâches monotones pour s'adonner à l'effort gratuit des longues marches et des rudes escalades. Il faut le trop-plein d'une force inemployée et d'une vie de surabondance pour susciter l'évasion et l'exploit inutile. Il faut être du bon côté de la barricade pour se permettre le luxe de l'éthique, de l'esthétique, de la mystique et de l'alpinisme des purs.

Vous avez désiré des espaces vierges et des espaces sauvages, vous avez cartographié, inventorié, décrit ces montagnes dans une profusion de cartes d'itinéraires, de récits de guides, d'albums et de topoguides.

Vous êtes jaloux des voies inédites et vous claironnez vos itinéraires et vos premières.

Vous prétendez restreindre la fréquentation de ce massif à une élite méritante et vous ne cessez d'agrandir et de moderniser ses refuges. Vous entendez protéger le sanctuaire de la vie sauvage et vous ne cessez de chanter les vertus de vos parcs comme pour y attirer les foules.

Singulières contradictions.

Les derniers mohicans qui vivent ici se gardent bien de se prononcer.

Vous avez dit sauvage ?

Serait-ce dans l'inconscient dessein de retenir de force un paradis perdu si tant est qu'il fût ? — de perpétuer l'aventure des explorateurs et des conquérants d'une belle époque imbue de certitudes — de ramener à votre échelle un monde de géants qui appareilla les blocs qui bordent les chemins — « ce peuple des montagnes ».

Serait-ce ultime invocation de déracinés à la recherche de leurs racines et d'assoiffés à la recherche d'une source perdue.

Vous avez dit sauvage ?

Comme c'est bizarre...

Vivre ici

« Il faut penser au pain »,
dit Petit Pierre.

C'est l'heure de « soigner ».

A droite
Objets de labeu
avez-vous donc une âme

Petits travaux de l'hiver.

Herse, au repos...

A droite
Quittant sa maisor
il glissait la clé sous la port
ou dans un trou de mu
Précaution symbolique.

Pages suivantes
Maria des Granges

L'atelier de Bastien (Besse

Pages suivantes :
Sur le plateau
de Rif Tort (En Paris)
Le pont du Vallon de la Muande.

. gauche :
a traite
hez les Hugues
u Ponteil.

Le pont du Vallon de la Muande.

La mule blanche de Pierre Turc.

CHAPITRE 3

Ces pierres qui parlent

« Le pays natal est moins une étendue
qu'une matière ; c'est un granit ou une terre,
un vent ou une sécheresse,
une eau ou une lumière »
G. Bachelard

Faut-il s'étonner qu'en Oisans, pays de pierres innombrablcs, cellcs-ci aicnt voix au chapître ?

Laissons de côté les pierres paysagères de la littérature « alpinistique » : arêtes crénelées ou dentelées, bastions et pilastres, clochers et clochetons, tours et gendarmes.

Les sommets aux appellations anciennes furent, depuis d'obscures origines, significatifs. De la vallée des Etançons on appelait la Meije le Bec des Peignes, évocation du dieu celte Penn, plus, sans doute, que de la forme. Ainsi du Peigne de Pierroux. Du côté de la Grave, la Meije annonçait le soleil au zénith et le repos du moissonneur à midi. Lauranoure n'aurait-elle pas désigné aux gens de St-Christophe l'« aure » noire (le vent noir) porteur des nuages de pluie ? Les Pointes du Vallon, du Vaccivier, de la Muande, du Says répendant la pierre (saxa) sur les herbages, de la Fare et peut-être de la Gandolière n'étaient-elles pas les gardiennes tutélaires des terroirs et des pâturages étendus à leurs pieds ? Sommets repères dans le calendrier du paysan, réglés par les saisons réelles, dessinant au gré du recul de la neige dans les creux et les couloirs « l'âne du Villard » ou « la chèvre de la Tête de chien » et annonçant aux cultivateurs le moment propice pour semer les plants sensibles aux gels tardifs (haricots de la plaine du Bourg d'Oisans).

Les passages de ce pays signalés par des croix, des oratoires commémoratifs le furent bien avant par de simples blocs : Pierre Noire, Pierre blanche aux déversoirs des avalanches sur le chemin de la Bérarde. « Pierre repose », quel beau nom, indique dans le Vallon du Lauvitel l'opportunité d'une halte, et « Pierre brûle », bien sûr, un siège tellement chauffé par le soleil qu'il ne fait pas bon s'y reposer. Certaines portent une signification perdue comme la « Pierre écrite » en l'Alp de Mizoën, ou une histoire en train de se faire comme la « Pierre à Clément » ce rocher à bonne portée qui permettait à l'ancien maire de Villard Notre Dame d'appuyer son sac et de souffler en montant au Rochail.

Les antiques racines de notre langue annoncent en tous lieux la nature pierreuse. « Rom » désigne la Romanche, rivière de rochers, et les ramas et ramus ou romeyous des parcs à troupeaux cernés de blocs, et les maras qui font Maronne, pays des guides médiévaux nantis de droits de maronnage pour accompagner les voyageurs par les rochers. Les gar, gir ou ger signalent le rocher à la Girose, à la Garde ou à la Gardette, peut-être. Et passons sur les Peyroux patois, les perrons, ou le Greppon du Goléon. Les Lauzes, Lauzas, Lauzons et autres Lauzières et Lauzettes qui annoncent une variété que tout le monde connaît... Les pierres accumulées au pied des cimes, Clapier de St-Christophe, ou entassées siècle après siècle aux confins des champs, les Casses Sauvages dont le site de Casse Rousse et de Casse

Déserte près de Villar d'Arène sont de pierres innombrables. Les Abris sous roche sont Balmes ou Balmettes. Il faudrait être un toponymiste acharné pour ne pas y perdre son latin mais il suffit d'être un profane attentif pour comprendre que les anciens appelaient les choses par leur nom.

Pierre nommée, pierre à moitié apprivoisée. Sont-elles jeux d'enfants ces lauzes disposées en cercle dans les pacages de Rif Tort où les « liches » servent à disposer le sel des troupeaux ? Une curieuse histoire bessate dit qu'en ces mêmes lieux les gens de Mizoën tentèrent jadis de déplacer les bornes de leur alpage objet de procès et de querelles séculaires. Malheureusement la tradition voulait qu'on enterrât les « garanties », ces deux parties parfaitement superposables d'une même pierre. Ainsi le coup fut éventé. Que de signes mystérieux et non élucidés aux limites des terroirs. Il fut un temps, au siècle dernier, où les savants trouvaient partout des pierres « intentionnelles » signe du passage des romains, des sarrazins ou traces de quelque civilisation disparue dont les anciens parlaient encore à la veillée. Notre science positive ne nous garde que les cairns maçonnés qui veillent sur les finages, tels des hommes noirs immobiles, indifférents aux tempêtes, et que dans le pays nous appelons « hommes de pierre ». N'ont-ils pas laissé leur nom, au Signal de l'Homme, entre Huez et Auris, ou au Bec de l'Homme sur l'arête qui court jusqu'à la Meije Orientale ?

Voltaire avait raison d'évoquer « la pierre qui porte témoignage » et le proverbe qui dit « malheureux comme les pierres » va peut-être un peu vite en besogne.

De la pierre à l'architecture il n'y a qu'un pas. A commencer par l'architecture des terroirs. Qui pourrait rester insensible, à condition qu'il veuille bien ouvrir les yeux, à l'immense labeur des générations qui porta la terre sur les replats rocheux et qui atténua la pente (cet ennemi séculaire) en aménageant les champs en gradins séparés par les

« broues » si soigneusement entretenues ? Un chemin, dans nos montagnes, n'est pas seulement tracé, il est construit, étayé de murs parfois héroïques, pavé comme une église. Lorsque la côte est dure et pour tenir la terre, les hommes ont dressé des lauzes sur champ pour élaborer des virages calculés « voûtes », aménageant aux bons endroits quelques radiers pour écarter l'eau. Pierres lissées par le va et vient des bêtes et des gens garantes d'entretien, à visées d'éternité. Murs cyclopéens pour soutenir la terre des champs riverains, cette terre si précieuse. Il y a dans ce pays des hommes qui prennent en charge l'entretien de ces chemins comme des allées de leur jardin. Adolphe Rouard de la Danchère, qui dans sa jeunesse travailla à refaire le chemin du Lauvitel, sans arrêt rongé par l'eau des résurgences, continue à quatre-vingt cinq ans à mettre la pierre de côté pour remplacer celle qui manque. L'année du patrimoine est pour lui indéfiniment renouvelée.

Point n'est besoin d'étudier la géologie pour savoir la roche qui domine d'Allemont à Huez, d'Ornon à Villard Notre Dame et de Besse à St-Christophe. Il n'est qu'à examiner les maisons. Bâtissant à l'économie, ménager d'efforts et de charrois, le paysan est allé quérir le matériau le plus près possible du village. Et bien souvent cette économie engendre l'harmonie, « l'intégration de l'architecture au paysage », selon la formule consacrée. C'est cette cohérence forcée qui faisait dire à un éminent urbaniste : « Autrefois il n'y avait pas d'architectes et il y avait une architecture... »

En pays de granit et d'hommes forts, le bloc qui montre toujours sa face avantageuse constitue la trame de la bâtisse. Une pierre qui en bouche un coin est toujours assise et calée sur d'autres de tailles complémentaires. Choisie dans le clapier et en partie domestiquée par le temps ou charriée par le glacier, elle a laissé la brutalité des angles vifs et l'aspect fabriqué des pierres dites de taille qui donnent à la chapelle de la Bérarde, dans leur régularité monotone, l'apparence d'un vêtement trop neuf.

En pays de gneiss, la variété des tons (vert et sombre des amphiboles, blanc des aplites, lité ou veiné de stratifications et de plis, teinté du brun des oxydes de fer) donne à l'ensemble richesse et harmonie. Alignées dans un ordre savant, parfois adoucies par le poli des torrents, comme celui du Treuil, ou la patine des ans, rehaussées par le mortier de terre que le soleil d'hiver caresse elles disent l'art instinctif des maçons.

On a pu médire des schistes du Bourg d'Oisans, de Besse ou d'Ornon rongés par l'humidité, fleuris de salpêtre. Mais lorsque les murs sont bien protégés, quel savant agencement. Le torrent de Saint-Antoine que domine la falaise plissée du Prégentil, perpétuel pourvoyeur des bâtisseurs du Bourg a livré aux constructeurs des faces où l'oblique domine, mais dont il reste le noyau sain et de cette irrégularité ils ont su faire des ensembles calibrés et réguliers. Astuce de l'homme. A Besse ou à Ornon les carrières depuis longtemps exploitées fournissaient des faces planes économes de mortier. Elles auraient pu lasser à force de perfection, mais les maçons bessats y ont intercalé quelques blocs de gneiss oubliés par les glaciers, quelques fragments de filons de quartz qui font chanter l'ensemble.

Ces pierres qui parlent. Dans ce pays de sobriété les hommes n'ont pas négligé l'ornement. Le tuf, ce calcaire sans arrêt arraché aux dolomies du trias ou aux schistes du lias, charrié par les multiples « biels » qui dévalent les pentes, au contact du sol cristallin se dépose sur les mousses que l'humidité entretient. Et nous avons une roche naissante, facile à tailler, je dirai même à découper, et qui, en vieillissant va durcir et devenir solide au point de servir de pierres d'angle et de linteaux. Corniches, terminaisons artistes des massives cheminées, arcades des fontaines, flèches des clochers, le tuf est en Oisans la pierre de sculpture et d'embellissement.

Je ne sais qui eut, dans ce pays, l'idée de l'ouverture triangulaire. L'utilisation de la lauze alliée à l'économie des moyens en a fait à la fois un élément d'utilité et de beauté. Isolées aux pignons des granges ou agencées en ensembles géométriques et naturels, elles remplacent avantageusement l'artificiel œil de bœuf.

La lauze règne encore aux pignons à « redans » ou à « sauts de moineaux », ces escaliers du ciel qui protègent les murs et les charpentes, du souffle des avalanches ou de l'assaut des tempêtes. Tel est le cas de certaines maisons de Valfroide et des Rivets du côté de la Grave. Tel est le cas aux Granges de St-Christophe.

On les utilise encore, les lauzes ou les pierres plates, dans la formule de la voûte ou du linteau voûté. Elles renforcent efficacement les poutres chargées du maintien des portes et fenêtres. Regardez les ruines. Lorsque le bois miné par les intempéries à cédé, elles tiennent encore, autant que les murs qu'elles supportent. Avec les cheminées autour desquelles fut bâtie la maison, elles sont les dernières à sombrer.

Ces pierres qui parlent.

Jadis, dans les villages démunis de lauzes, le paysan employait les « cluys » de paille de seigle (le chaume) liés de brins de bouleau, attachés aux lattes chevillées, elles, aux chevrons. Le pignon du fenil était constitué de planches ajourées, « le replan », seule participation du bois avec le balcon et quelques linteaux.

Mais lorsque les hommes ont eu la possibilité d'arracher au sol les lauzes épaisses et ainsi d'économiser un fourrage précieux pour les bêtes à l'hivernage, ils ont renforcé la charpente par des murs de refend et aplani l'inclinaison du toit. Telle est, semble-t-il, la raison des différences entre Besse et Clavans, ou St-Christophe.

Dans une telle hypothèse, l'architecture du couvert est plus le reflet du sol que du climat. Et si l'on ajoute à cela qu'il vaut mieux garder l'épaisse couche de neige sur le toit plutôt que de la voir « décharger » et encombrer les passages entre les maisons, les doutes paraissent bien levés.

Peu à peu toutefois, la technique s'est affinée, l'ardoise s'est faite légère et plus aisément transportable. Mais elle est devenue aussi plus sensible à la décomposition par l'humidité, elle a exigé la pente et s'est mise à remplacer le chaume tellement vulnérable aux incendies. Ces incendies dramatiques qui, à intervalles assez fréquents ravageaient les villages.

Le XVIIIe et surtout le XIXe siècles ont connu l'exploitation active des ardoisières à Besse bien sûr, mais aussi à Venosc, à Ornon, Oz, Allemont et à Mizoën. Jusqu'à ce que la tôle plus aisément transportable, plus facile à poser et plus en rapport avec l'économie d'échanges qui se développait engendre le déclin d'une activité qui fut prospère voire exportatrice.

La construction du barrage du Chambon entre 1920 et 1930 fit fermer les carrières de Mizoën. Celles de Venosc « plus industrielles » se maintinrent jusque dans les années 60. Le dernier fabriquant, indépendant, tenace a terminé son activité avec l'âge de la retraite. Clément Chabert habite le Villaret, petit hameau accroché aux flancs des gorges de la Lignarre. Lorsqu'il entra en carrière il avait à peine quinze ans. Son père exploitait alors l'ardoise avec l'aide d'une dizaine de compagnons, tous paysans, occupant ainsi leur hiver et complètant leurs maigres ressources.

Je suis allé plusieurs fois lui rendre visite, dans son rustique atelier formé d'un toit et de blocs inutilisés, au pied du front de taille de 50 mètres de haut qui représente par l'effet du gel et du dégel « la mort sur la tête ». « Par chance, dit-il, je n'ai jamais eu d'accident », et peut-être aussi par l'expérience et le coup d'œil. On est bien désarmé en effet quand, choisissant les bancs productifs et sains, il lui faut détacher à la barre à mine, selon les strates, les blocs propices.

Armé de coins, de burins et de « plates », Clément Chabert fend « selon le fil ». « Il faut, dit-il, débiter quand la roche est fraîche. Si on attend trop elle durcit et ne fend plus dans le bon sens. On la couvre de terre s'il faut attendre. » Il n'est qu'à le voir travailler pour comprendre la différence entre stratification et schistosité.

Après avoir fendu il faut couper selon les blocs et selon les commandes. Le plus grand format c'est « l'ostache » de 62 sur 40 ; vient ensuite le « grand bon » 52 sur 32, le « bon » 42 sur 25 et le « petit bon » 32 sur 25. L'« ostache » couvre 13,50 m^2 à la « grosse » (douze douzaines) et le « bon » 7 m^2. L'emploi dépend du « littelage ». On peut penser que les utilisateurs pauvres en bois emploient le grand format. Un travail plus fin et plus coûteux exige le petit.

Vif, bon vivant et ingénieux, Clément Chabert avait installé un « téléphérique » qui franchissait la vallée, menant à port de route le produit de son « industrie ». Dans les dernières années de son activité, il façonnait des dalles et des mœllons. Poussé par l'amour de l'art, il pava un bout de chemin. Travail d'artiste. Travail de romain...

Sous son propos, point une certaine amertume à voir s'éteindre un beau métier. « Il faudrait que des jeunes reprennent, dit-il, mais ce n'est plus d'époque... »

Ces pierres qui parlent...

Elles parlent aussi de trésors enfouis dans les profondeurs de la montagne. Depuis les lointaines origines les hommes de l'Oisans ont été des mineurs. Mines romaines ? Mines delphinales de Brandes « la ville morte des Alpes » (plomb, argent et cuivre) ? Mine d'argent des Chalanches, exploitée jusqu'à la fin du siècle dernier ? Mine d'or de la Gardette secouée d'espoirs insensés et de faillites retentissantes, mines de charbon de Venosc et de l'Herpie à 2500 mètres d'altitude, arrêtée brutalement par l'avalanche de 1950 qui, bousculant le barraquement où dormaient des hommes de nos villages, les fit mourir brûlés.

Au XVIIIe siècle, les paysans de ces contrées défendirent contre des concessionnaires avides et affairistes leur droit à exploiter le cristal de roche, et les cristallières de la Grave, de Clavans, d'Huez, de Mizoën, d'Allemont connurent des jours d'intense activité. Monseigneur Le Camus réprimanda même le curé de Clavans pour se livrer au trafic du cristal. On vit des cristalliers aller vendre leurs trouvailles jusqu'en Russie.

Les premiers guides, Pierre Gaspard lui-même, Giraud-Lezin de Villar d'Arène, à l'exemple de Jacques Balmat exploitèrent volontiers quelque « four ». On a beaucoup parlé des chercheurs d'or du Goléon ou des Aiguilles d'Arves... On a raconté dans les chaumières l'histoire de Salomon de la Grave, le faux monnayeur, et son pacte avec le diable... Son procès et sa condamnation sont attestés par les archives.

Les voyageurs qui visitaient ces contrées étaient frappés de l'ardeur et de la passion qui excitaient les gens de l'Oisans et les lançaient dans les plus téméraires entreprises et les plus folles aventures.

Tout amateur de minéralogie a entendu parler de Napoléon Albertazzo ce transalpin qui vint s'installer à Bourg d'Oisans au moment où la construction de la route impériale attirait des maçons et des tailleurs de pierres. Trop indépendant pour se consacrer pleinement à son métier, il conduisit avec Pierre Gaspard quelques touristes sur les montagnes et finit par se consacrer à la recherche des cristaux et des minéraux. Les « trous » dans les parois du Cornillon ou dans les gorges de la Romanche lui fournirent l'occasion de faramineuses trouvailles qui ont fait la réputation de l'Oisans : épidote, axinite, préhnite... Elles firent sa notoriété auprès des savants mais ne l'enrichirent pas pour autant.

Sur ses traces les amateurs ont beaucoup couru, beaucoup cherché... et parfois trouvé... Mais l'essentiel se tient sans doute dans les rêves, dans la lumière d'un regard.

Au fur et à mesure que l'homme se détache de la nature, il désapprend à en lire les signes. Une pierre se met à ressembler à une autre pierre, une montagne à une autre montagne. Les pierres se taisent. Les bornes forestières, gravées d'une croix, doivent pour être lues se souligner de peinture rouge. Nos sens devenus grossiers, nos yeux aveugles, ne savent plus détecter les sentes. Nous voilà arrivés aux temps du balisage et de la mascarade. O tapageuses et provocatrices limites des Parcs, balises des randonnées. Allons-nous repeindre l'Oisans ?

CHAPITRE **4**

Ces plantes aux vertus salutaires

« La botanique...
est la science de l'amour »
J. Michelet

Printemps

Il faut avoir subi les longs hivers d'Oisans pour s'émerveiller au miracle renouvelé des printemps. Le montagnard qui descend dans la basse vallée apprécie plus que le commun des mortels l'herbe nouvelle. Comme le chamois de l'Aiguille de Venosc qui vient pâturer au bord du Vénéon les prairies des Etroits, il en perdrait toute vigilance et toute raison. Saisi par l'ivresse des sèves il s'y roulerait comme un enfant. Voir enfin la verdure !

Dans la moyenne vallée, à l'occasion du répit du gel et de la neige, nous guettons la primevère qui fleurit aux bordures, les chatons jaunes et argentés des saules mâles au duvet de poussins nouvellement éclos. Mais la communion avec les alchimies de la terre en gésine se produit à la cueillette des tout premiers pissenlits. Nourris, comme les morts, du lait de leurs racines, tributaires des terres grasses, arc-boutés au sol du ressort de leurs côtes, ils donnent dans le rayonnement de leurs rosaces une réplique au soleil qui, jour après jour, recommence à escalader l'horizon.

Quoi d'étonnant que la plante qu'on appelle ici saraméjou ou mourre (comme le visage), ailleurs dent de lion ou baraban, possède des vertus dépuratives pour décrasser des toxines accumulées en hiver. Quoi d'étonnant que mêlé à l'œuf, symbole de la vie en puissance, ou de l'huile de noix symbole d'économie, il soit considéré comme la panacée du renouveau, la plante magique du printemps ?

Pour chasser les toux rebelles, toujours à l'image du soleil, le tussilage, « flour de tchapel », fleurit avant que feuille n'apparaisse aux bords des chemins argileux imbibés d'eau de neige.

Tout doucement, le printemps gagne la forêt. Parmi les pins sylvestres ensoleillés il répand le parfum de prune des polygales qui ont formé leurs boutons sous la neige, et sur les rochers gris de Prégentil, les pompons bleus des globulaires à feuilles en cœur. Dans les hêtraies encore dénudées il fait éclater les carènes d'orobes ; leurs cœurs virent du rouge au bleu, le mystère de la fécondation accompli.

Les neiges de la montagne ont apporté sur les falaises suintant d'eau noire, les bouquets rouges de saxifrages et de primevères hirsutes aux feuilles visqueuses, et dans les bois, au pied des roches, les anémones hépatiques, petites merveilles bleues étoilées avec leurs feuilles trilobées. Par quel mystère ces poisons ont-ils été considérés guérisseurs du foie ?

Sous l'écorce blanche des sapins de la forêt du Puy c'est encore le printemps qui gonfle les pustules de benjoin (cet « or résineux qui conserve et guérit » écrivait Michelet). Les gens d'ici le considèrent souverain contre les coups, les fièvres et maux de gorge, mêlé au lait chaud.

Méfiez-vous du bois joli et de ses fleurs lilas qui se hâtent d'éclore dès que leurs branches incassables s'ébrouent du manteau hivernal. Mais si le cœur vous en dit, à l'exemple des Japonais, vous pourrez goûter aux bouquets blancs et roses des pétasites qui surabondent aux creux des sentiers forestiers.

Lorsqu'il parvient aux alentours des villages montagnards, sur l'herbe aplatie et roussie, encore figée sous l'écume des neiges, il fait pointer en foule les crocus blancs et violets. De leurs stigmates dorés on tirait le safran. A proximité des maisons et des ruines (les « chazals »), les dards rouges des « lappioux » annoncent la rhubarbe des moines ou des cochons, guérisseuse des furoncles et autres vilaines humeurs, les dards blancs des « orles » annoncent les touffes d'épinards du bon roi Henri. Les « mourres », ces pissenlits tendres et rosés, accompagnés des jaunes « étoiles de Liotard », prennent une saveur et une vigueur particulières annonciatrices des bienfaits de l'altitude.

Accédons aux premières crêtes. Tandis que les coqs de bruyère « roucoulent » aux flaques de neige, la forêt subalpine s'éveille aux souffles du printemps. Les parterres de busseroles à raisins d'ours secouent leurs perles de glace issues des neiges fondantes. Les gens de la Bérarde cueillaient aux temps de pénurie, leurs baies farineuse dites « lenticles » pour enrichir les farines. Leurs feuilles vernies utilisées pour soigner les reins et la vessie font « pisser brun ».

Les rhododendrons, établis au pays depuis les lointaines époques où toute la famille des bruyères, séneçons et azalées poussait sous un climat chaud craignent les gels de printemps. C'est pourquoi vous rencontrez ces « rosages » à l'odeur enivrante dans les « envers » où la neige protège. Les myrtilles, vantées dans toutes les pharmacopées ouvrent leurs clochettes roses au goût sucré. Pendant ce temps, les mélèzes s'embellissent de cônes d'un grenat violacé, fleurs femelles plus spectaculaires que les communs et discrets chatons mâles, et les pins arolles ou à crochets gonflent leurs bourgeons jusqu'à l'éclatement des sacs de pollen, délices des venturons verdâtres et des cizerins flammés.

En juin, il arrive aux alpages, en compagnie des grives, des merles à « collerettes », des niverolles appelées « alpins » et des pâtres dits ici « montagniers ». La gent ailée anima les lisières des névés en compagnie des chapeaux mauves et frangés des soldanelles. A proximité des chalets, mourres que certains recouvrent d'une lauze afin de maintenir leur succulente blancheur d'endives d'altitude, lappioux, orles, accroissent encore leur vigueur à rattraper le temps perdu. Sur les croupes à toison de marmotte, vous rencontrerez l'anémone du printemps et son manteau de fourrure. Elle attend le festival du bleu des gentianes, du jaune des benoîtes, de la neige des renoncules et du rouge des orchis, primevères, pour la grande fête de l'été.

Printemps, été, automne se rejoindront sur les moraines voisines des glaciers et sur les rochers des crêtes. Il faut vite pousser, fleurir, monter en graine et on le fait avec magnificence. Regardez les coussinets piqués de mille fleurs : roses des silènes sans tige, crème des androsaces, bleus des érytriches. La fleur est plus grande que la plante, ou presque. La colonie plonge une seule racine pour s'ancrer dans les fissures et aller chercher en profondeur l'eau et les sels nourriciers. Elle gardera jalousement son humus. Nous sommes au domaine des génépis, ces artémises naines et velues, aux sucs concentrés, balsamiques et efficaces contre les chaud et froid. A l'exemple des lichens incrustés aux roches, nourris à l'air du temps, algues et champignons, ce peuple végétal, brûle les étapes, s'épanouit le temps des beaux jours. Tout en haut, aux confins du glacier, la renoncule glaciale gèle toutes les nuits et s'épanouit à l'appel du soleil. Grâce aux alchimies de sa sève elle a pouvoir d'escalader les plus hautes cimes.

Herbes de la St-Jean

Le soleil, dans nos vallées, est la moitié de la vie. Plus il fait languir son retour, l'hiver, plus il est désiré. Le jour de son retour à l'horizon c'est jour de fête. Au village de la Grave il réapparaît à la Purification de la Vierge le 2 février, ayant disparu à la St-Luc le 18 octobre ; à Villar d'Arène, il part « à l'hiverne », de la St-Martin (11 novembre) à l'Epiphanie (1er dimanche de janvier). Dans le quartier de St-Antoine du Bourg-d'Oisans, il venait caresser l'ancienne chapelle justement le jour de la fête du Saint, le 17 janvier. Nous perdons la mémoire des oratoires ou lieux caractéristiques marqués par le soleil, parce que nous ne vivons plus au contact de la nature, bien que l'invoquant sans cesse. Qui consulte encore les almanachs ? Qui comprend la mesure du temps qui coule : les avents et les quatre temps, les carêmes, les lunaisons, fêtes mobiles et fêtes fixes, cycles lunaires, cycles solaires, épacte ? Qui connaît encore les repères et les horaires de passage de l'astre du jour ? Peut-être la célébration du retour du soleil par les habitants des Fréaux, qui faisaient sauter l'omelette sur le pont du Gua, se rattache-t-elle aux lointains cultes solaires de nos ancêtres ? Peut-être les rosaces qui décorent les écrins de la Grave ou du Villar venues d'Asie avec les peuplades antiques sont-elles l'image du Dieu soleil ?

La tradition des feux de la St-Jean se perd. Mais en ce temps du solstice d'été, qui n'est pas exactement le 24 juin, le soleil, cet alchimiste du règne végétal, donne aux plantes leur pleine vertu. Monseigneur Le Camus, évêque de Grenoble sous Louis XIV, prêchait dans les paroisses d'Oisans contre la « superstition » des herbes de la St-Jean. Voulait-il arracher les vestiges du paganisme et de ses cultes séculaires ? Se souvenait-il des recettes magiques de Gabriel de Castaigne, François de Nobilibus et Claude Bertrand accusés du crime de sorcellerie au début de son siècle (1) ? Voulait-il ramener ses ouailles à une croyance plus raisonnée ? A voir son insistance répétée, il faut croire qu'il n'était guère entendu.

D'après Castaigne, c'était à la St-Jean qu'il fallait cueillir « six poignées de feuilles de noyer et autant de petites noix vertes ». Mêlées à l'eau de vie elles étaient réputées souveraines contre le haut mal caduc.

Avant le lever du soleil on allait cueillir les herbes de la St-Jean, perlées de rosée. Le bouquet, suspendu au manteau de la cheminée était sensé protéger la maison du « mauvais œil ».

On y assemblait l'achillée mille-feuilles, nommée à Venosc brunette, et à la Grave mirmande. Elle protégeait des maléfices. On dit la feuille hémostatique, on l'emploie contre les varices et contre les coups.

L'absinthe qui pousse aux talus ensoleillés était sensée dispenser de l'oubli. Composant des liqueurs amères, on l'utilise contre les vers et parasites.

L'armoise, plante magique par excellence, protégeait du feu et des voleurs. « Si femme savait ce que vaut l'artémise elle en mettrait dans sa chemise ».

On ajoute couramment à ce bouquet le millepertuis qui fleurit en général plus tard. Le trescalan. Il est réputé comme plante magique puisqu'on l'appelle « chasse-démons ». Dominique Villars, berger du Champsaur, devenu professeur à la faculté de médecine de Strasbourg et savant botaniste vantait ses vertus « vulnéraires, apéritives, détersives et balsamiques ». Utilisé dans « l'huile rouge » il soigne brûlures et abcès.

(1) « Castaigne, écrivait Nicolas Chorier qui donnait dans la chimère des curiosités que la religion défend, fit venir Nobilibus en Dauphiné comme un homme qui y excellait. » On trouve chez lui bagues et plaques magiques et quelques pages de la « philosophie occulte » de Corneille Agrippa. Faute de preuves, Expilly, président de Parlement doutait qu'il fut magicien. Néanmoins en 1606, « Nobilibus fut condamné à mort qu'il souffrit sans rien dire ni faire qui fut indiqué d'un bon chrétien. »

L'alchémille des pâturages, l'argentée et la porte-rosée, « manteau de Notre-Dame » est réputée plante sorcière. Et elle sert à confectionner le thé des montagnes.

Il ne faut pas courir bien loin des maisons pour recueillir l'ortie aux vertus dépuratives, la bardane avec ses « glettons » qui s'accrochent aux habits, à la précieuse racine, le géranium herbe à Robert, la molène bouillon blanc (quadrenarte) aux corolles à odeur de citron, émollientes et pectorales et dont les hampes déssèchées servaient à confectionner les torches de Mardi-Gras, la tanaisie dite semen contra, vermifuge, aux usages vétérinaires, l'euphraise ou casse-lunettes et le mélilot bonnes pour les yeux.

Dans les prés de fauche, les paysans ramassent encore les ombelles en graines du cumin-carvi qu'ils nomment ici « tcharaye » ou « chareu ». Ses vertus carminatives et digestives furent vantées par Pline, Gallien et Dioscoride, médecins de l'antiquité et de la Renaissance. On utilise ce condiment pour assaisonner les saucisses fabriquées à Besse, le murçon.

Du sureau rouge ou noir, « le seuil » on prendra la racine, la « deuxième peau », les fleurs et les baies pour soigner les reins et la peau.

L'épine vinette (peuteusse) fournira des pendentifs rouges, presque aussi riches en vitamine C que les baies oranges de l'argousier dont les buissons envahissent les berges caillouteuses du Vénéon.

Le serpolet (sarpouleute) remplace le thym dans nos montagnes et son essence, le thymol possède des vertus antiseptiques à l'exemple des baies de genévrier utilisées avec les rameaux pour purifier les maisons frappées par la peste.

Roder dans la montagne pour les ramasseurs des simples n'est pourtant pas si courant que l'on pourrait croire. Chacun est déjà assez absorbé à cultiver sa terre, faire pousser son blé et ses « truffes ». Gardons-nous de tomber dans un folklore facile. Néanmoins, il y a toujours eu dans ce pays des rebouteux, des « médecins » empiriques. Les bergers sont prédestinés par nature à observer, méditer sur les vertus du végétal. Le Père Gaspard de St-Christophe et son fils Alexandre manifestèrent quelques talents de guérisseurs. Ils connaissaient l'arnica, l'herbe aux coups, qui pousse dans les pâturages du Plat de la Selle et de l'Alpe du Pin. Ils savaient composer des tisanes et surtout des onguents additionnés de graisse de marmotte, des teintures macérées dans l'eau de vie. Les montagniers de l'Alpe de Venosc s'étonnaient de voir les touristes-botanistes du siècle passé étudier et arracher les plantes de montagne. Le commerce des plantes, affaires des porte-balle fleuristes de Venosc, de Mont de Lans, d'Huez et d'Auris, tire probablement son origine du ramassage et de la connaissance des curieuses plantes alpestres. Au siècle dernier, les femmes et les enfants gardiens des troupeaux dans les montagnes d'Huez et de la Grave cueillaient des amas de violettes des Alpes que l'on faisait sècher pour les vendre aux herboristes par centaines de kilos de fleurs sèchées.

Le deuxième printemps de Notre-Dame (le 15 août) donne un regain aux sèves qui prépareront les boutons d'hiver. Il fait fleurir l'hysope au parfum musqué et mentholé que l'on ramasse, avec les dernières lavandes dans les rochers de la moyenne Romanche. On dit que ces plantes accompagnaient la vigne qui prospérait dans les côteaux surchauffés du Bassey, de Mizoën, et que Dominique Villard observa sur les pentes de Venosc. J'ai même rencontré dans les rochers du Vernis, des figuiers à la provenance mystérieuse. Jusque vers 1960, une distillerie fabriquait l'essence de lavande à l'entrée de la Combe de Malaval. Les descendants des hôtes du Dauphin, gens d'importance dans la commune de Mizoën, employaient des ramasseurs de Mizoën et de Mont de Lans. Antiseptique et fébrifuge, la lavande était une panacée.

La palme des herbes de nature revient néanmoins au génépi. Son prestige ne se dément pas et chaque chef de famille met un point d'honneur à cueillir sa provision pour confectionner les liqueurs digestives et les tisanes contre le chaud et froid. Certains vendaient des bouquets aux touristes ou assuraient le ramassage pour le compte des fabricants de liqueur. On goûte, on déguste, on suppute les mérites comparés des diverses préparations. On disserte encore autour d'un petit verre sur les arômes et les mérites comparés du « mâle », du « femelle », du genépi des glaciers. En fait, les botanistes vous diront que les « mutellina », « spicata », « laxa », « glacialis » sont plus ou moins riches en essences volatiles, ou amers. Gaston Puissant, gardien du refuge de la Lavey ajoutait à la liste le « genépi vert » qui était en réalité une achillée naine dite aussi camomille des guides.

Selon les scientifiques épris de systèmes, le genépi serait plante des granits et des roches acides, et l'édelweiss de calcaire et de roches basiques. Sur le terrain les choses sont moins simples. Les touffes de genépi pullulaient sur les schistes calcaires du Rachas et les édelweiss poussent magnifiquement dans les granits des Etages et du Chatelleret... En somme, c'est la plante qui choisit son terrain et elle se moque bien des théories.

Plantes apprivoisées

En ce pays de dure vie, l'homme ne peut se contenter de l'air du temps ou d'espèces sauvages. Certes en période de disette, il était bien contraint de mettre dans la marmite les épinards sauvages, de se contenter de salades de mourres qui tiennent peu au corps, ou de tromper sa faim en déterrant les bulbes de noix de terre appelées lissoureutes et que les petits pâtres s'amusent à déguster pour leur saveur sucrée. Les bergers de Rif Tort utilisent encore les thyrses des campanules jaunes qu'ils nomment « cornes » ou « cornious » ou « borions » pour épaissir la soupe ou parfumer les gratins. Les doléances des temps anciens disaient alors que le paysan se voyait forcé de « manger l'herbe des champs ».

La grande affaire et le grand tourment des siècles passés fut de faire pousser sur un sol avare le nécessaire pour nourrir la famille l'année durant, pour lui procurer du pain jusqu'à la prochaine récolte. La plante fétiche de ces montagnes n'a donc rien à voir avec l'edelweiss velouté ou avec la gentiane bleue, emblême des chasseurs alpins et des cafistes... pas même la carline à feuilles d'acanthe clouée aux portes des granges pour annoncer la pluie ou le beau temps. La plante fétiche ce fut le blé, l'orge, le seigle ; c'est la pomme de terre.

En considérant le terroir des Besse depuis l'Alpe de Mizoën, on distingue dans le damier des parcelles deux sortes de terres, les premières allongées en lanières, perpendiculaires à la pente, les autres disposées dans le sens de la pente. Les premières se prêtant aux labours portaient les cultures. Et elles remontent très haut. Les secondes, à la limite du pâturage, d'adaptent au travail des faucheurs qui alignent leurs andains de haut en bas.

Pour nourrir une population nombreuse à partir des productions locales et pour parer aux faibles rendements des blés de pays, il fallait « cultiver grand ». Et pour maintenir la culture, il fallait soit laisser reposer la terre, perte d'un espace déjà très mesuré, soit « l'engraisser ». Lorsqu'en 1548 et en 1555 les manants de Mizoën entreprennent d'alberger puis d'acheter au Dauphin la montagne de Rif Tort, ils font valoir la nécessité d'augmenter leur bétail pour produire du fromage et de la viande mais aussi du fumier. Une requête de 1566 plaide en faveur de l'accueil du bétail étranger pour la « graisse et le fyant » (le fumier)... « au moyen duquel ils font valoir un peu de terre pour nourrir eux et leurs familles. »

Le blé. C'est rarement le froment, espèce barbue et rustique, cultivée dans la plaine de Bourg d'Oisans et dans les meilleures terres qui entourent les villages. C'est surtout le seigle qui pousse jusqu'à 2000 m d'altitude et dont la semence reste jusqu'à quatorze mois en terre, à l'Alpe de Mizoën, au Chazelet et à Valfroide. Cette mobilisation des terres sur deux années ne facilite pas les affaires, il faut alors trouver une céréale à croissance plus rapide, une céréale de printemps : c'est le blé tremois dit « petit blé », c'est l'orge. « A la St-Georges, dit le proverbe sème ton orge, à la St-Marc il est trop tard ». Les Orgières d'Auris, occupées hier par les pâturages et aujourd'hui par une station de ski disent l'altitude des cultures céréalières.

La base des céréales à pain reste le seigle. Les tourtes à la pâte plus serrée, plus savoureuse aussi se conservent plus longtemps et tiennent semble-t-il la faim en respect de façon plus efficace. Le pain de seigle, c'est le vrai pain de nos montagnes, le pain de chaque jour, l'orge et le froment serviront à fabriquer le pain des dimanches, un pain de fantaisie « les girades » ou « les ginades ».

Cultiver le blé n'est pas ici une mince affaire : « porter la broue » c'est-à-dire remonter la terre au début du printemps, porter le fumier avec « la ramasse » si la neige le permet et dans « la banaste » à dos d'âne, de mulet et parfois d'homme ; arpailler, c'est-à-dire épierrer, pour éviter d'ébrécher la lame du « vouram » ou de la « daille » du moissonneur ; en juin, « tirer le chardon » c'est à dire sarcler. Puis il faut laisser agir les saisons, dans la crainte des gelées sans neige, des pluies dévastatrices, des sécheresses plus sensibles à ces maigres terres. « Chalanda freïd, épia bel, chalanda mol, épia fol » dit le proverbe. Ou ce qui revient au même : « Neige en février vaut du fumier et emplit le grenier ».

Après avoir tremblé en regardant le ciel et en priant que « la saison se fasse bien », voici la récolte. La récompense. Chaque épi, chaque grain est précieux. C'est pourquoi les moissonneurs partent au clair de lune, (la lune des moissonneurs) afin que la rosée de la nuit maintienne le grain dans son épi. Soigneusement confectionnées, les « bourles » de septembre ou d'octobre, mois habituellement beaux, finiront de nourrir le grain. Gare à la pluie. Viendra le temps d'engranger dans les « linceuls » et les « bourrats » afin que nul grain ne se perde... Enfin, heureux du travail accompli, le paysan respirera un peu mieux, en attendant de voir si le grain fait bon poids... Gare à l'incendie dans les granges bourrées pour l'hiver ! Gare aux bestioles qui pourraient encore disputer le pain des hommes en s'attaquant aux grains précieusement remisés dans les « archons » de bois ou ces amphores de paille artistiquement tressée que l'on nomme ici « barnaures ».

Il ne reste plus qu'à réussir le pain, le bien conserver et le bien manger. Mon Dieu quelle histoire !

Fort heureusement la pomme de terre vint. Le peuple d'Oisans que l'on croit bien à tort conservateur des habitudes et rétrograde, n'a pas attendu Parmentier pour adopter la truffe. Avant la révolution, les savants voyageurs qui circulaient par le pays reconnaissaient que les paysans d'Oisans avaient adopté ce nouvel aliment depuis une cinquantaine d'années. Cela remonterait donc aux années 1730. A la même période où un maître d'école introduisit quelques plants de semence dans la vallée de Chamonix. Un voyageur de passage à la Bérarde et qui pourrait bien être le botaniste Dominique Villar, écrivait en 1786 :

« L'agriculture de la Bérarde se borne au seigle, aux orges trémois qu'on sème en mai, à quelques pois printaniers et à beaucoup de pommes de terre. »

Aujourd'hui, Rémy Turc, l'unique paysan de ces lieux cultive ses « truffes » pour sa provision d'hiver. Avec la chèvre salée, le chamois, la marmotte, le cochon et un minimum de vivres achetées dans les magasins de la vallée, elles constituent le viatique pour sa traversée solitaire de l'hivernage. Petit à petit, les canaux d'irrigation indispensables pour imbiber ces terres assoiffées disparaissent. Pas d'arrosage, pas de récolte dans ces terres légères reconstituées des sables du granit.

Et cependant, l'effet du terroir contribue à la finesse de leur peau, à la régularité de leurs formes, leurs saveurs, mais l'eau d'arrosage rendrait leur conservation aléatoire en d'autres lieux. Néanmoins, l'Oisans possède, dans les schistes des terroirs propices : les pommes de terre de Besse, réputées pour leur succulente saveur étaient recherchées des becs fins et des habitués et s'exportaient jusqu'à Grenoble. A Vaujany, engraissées de fumier, gorgées d'air et de soleil, elles rattrapent en quelques semaines celles de la plaine. L'Enversin, le Rivier d'Ornon, Oulles sont pourvoyeurs de plants sains et prolifiques utilisés par les paysans du bas pays.

Au début du siècle, selon Allix, le rendement des pommes de terre d'Oisans s'avérait très supérieur à la moyenne française (129 contre 87 quintaux-hectare) ; ainsi, ce pauvre pays nourrissait plus d'habitants à l'hectare cultivé que la moyenne (2,3 contre 1,7). Etonnant direz-vous ! « Tandis que le sac de farine est un des articles qu'on voit le plus couramment monter en Oisans, écrivait-il, le sac de pommes de terre est un de ceux qu'on voit le plus couramment descendre. Dans tout l'Oisans cultivé, on rencontre en automne les petites huttes de branchages sous lesquelles la pomme de terre est ensilée avant l'expédition et où elle passe souvent l'hiver. Sur une production annuelle de 15 000 tonnes, l'Oisans avoue la vente de 1/5 au moins, soit 3 000 tonnes environ... »

Devenue superflue faute de bouches à nourrir au pays, leur culture s'abandonne faute de bras, employés dans les villes à fabriquer des choses non nécessaires pour satisfaire au veau d'or « consommation », concurrencée par les arrivages dans les supermarchés, les surplus de régions lointaines et spécialisées enchaînées au dieu « productivité ». La patate en a perdu goût et caractère. La place qui lui était faite dans les terroirs régresse devant l'avancée des friches, des broussailles de la forêt pressante de l'Oisans sauvage.

Il n'y a pas si longtemps encore, d'avril à mai, la saison d'hiver close, les champs s'animaient du va et vient des mulets, des familles armées de « fessous », d'araires et de « cavagnes ». Tout le haut Oisans s'ébrouait, assouplissait la terre, ouvrait les raies, plantait avec conscience et amour. Soigner le champ, guetter les pousses vigoureuses, admirer les rangs réguliers était objet de conversation et de fierté.

Après le démontagnage... sous les chauds rayons d'octobre ou de l'été de la St-Martin, les joyeuses équipes du village « tiraient la truffe ». On était impatient de découvrir la réussite du travail, l'œuvre de la nature, du soleil et de la pluie. Comme des corps nus mis à jour, promesse d'un hiver tranquille, imprégnées des senteurs du terroir, sous la sape luisante, les truffes apparaissaient à pleine raie. Dernier bain de soleil avant de gagner la cave ménagée hors du gel et de la chaleur qui dessèche ou pousse au germe prématuré. Travaux d'intersaisons les bien venus : la fête de la mise en terre était la fête de l'espérance, la fête de la mise en cave était la fête de la plénitude. Fort opportunément Maurice Lamblard, observateur attentif des us et coutumes du pays disait « La civilisation du haut Oisans c'est la civilisation de la pomme de terre ».

La disparition de cette civilisation signifie, dans les faits et non dans les mots le déclin du pays. Hélas, les aveugles et sourds que nous sommes devenus ne s'en avisent. Qui est encore sensible aux travaux des paysans, qui s'y acharne si ce n'est par goût du folklore ? Comment tel aveuglement n'inciterait-il pas notre inquiétude ?

On pourrait évoquer encore les raves, considérées en Oisans comme une spécialité, les haricots gris de la plaine dont les fanes sèchaient à l'ombre des avant-toits, autre spécialité. Pierre Paquet a connu la culture du chanvre, occupant les bonnes terres, et il sait encore l'emplacement des « souilles » où les fibres se détachaient des tiges. La terre à l'abandon recouvre peu à peu ces témoignages de l'ingéniosité ancestrale, et l'oubli, les souvenirs qui les accompagnent.

« Vaste forêt, mer de feuilles et de songes »

— « Sais-tu, me dit un jour Pierre Paquet, d'où vient la poutre maîtresse qui traverse ta grange des Prés ? »

— C'est une belle pièce, sans doute très ancienne, mais comment veux-tu que je le sache ?

— J'étais gamin. En gardant les chèvres, des petits bergers de St-Christophe (je ne me rappelle plus les noms qu'il m'a donnés), ont découvert la souche d'un gros arbre, dans les clapières, sous le Plat de la Selle. Les hommes sont allés voir et pendant l'automne ils ont dégagé l'arbre. C'était une belle « bête » : près d'un mètre de diamètre, et bien conservé. Ils l'ont taillé sur place et à une forte équipe ils l'ont transporté jusqu'aux Prés. Tout ça laisse penser qu'à la place de ces caillasses il y avait une forêt. »

L'histoire des forêts disparues hante les réflexions des gens d'ici. On vous parlera des troncs d'arbres enfouis dans les tourbières de Brandes ou du Lautaret, des vestiges découverts dans le « désert de Mizoën », ou près des moraines du Chardon. La légende s'est emparée de l'affaire. Tout le monde, au pays, connaît celle des sauvages de Besse, hôtes forestiers du Vallon de la Salse, des nains de Mizoën, voleurs d'enfants, acagnardés dans les grottes de la forêt de Parizet. Pour arrêter leurs méfaits, ou exorciser leurs craintes, les agriculteurs installés dans les villages, mirent le feu. C'est ainsi que le haut Oisans serait devenu « chauve ».

Les petites colonies celtes ou ligures qui vinrent s'installer à l'emplacement des villages actuels sont plus antiques que les communautés installées par les moines dans les grandes forêts de Chartreuse et de Belledonne, de Boscodon ou des Savoies. Les cartusiens, bénédictins, cisterciens avaient su à la fois défricher des clairières et sauvegarder une forêt source de richesses. Les Dauphinois ont acquis la réputation de « brûleurs de loups » (et de forêts). Néanmoins, dès le moyen-âge, la forêt d'Oisans était mise en défens et surveillée par les gardes du Seigneur et du Dauphin. Au XVe siècle, les habitants de la Grave, de Villar d'Arène, de Besse se plaignaient d'être obligés d'aller quérir le bois d'œuvre dans les forêts lointaines des basses vallées : Bourg d'Oisans, Livet, Allemont. Ils se chauffaient déjà avec la « blette », fumier compressé des moutons ou le « grebon »... soustraits à l'engraissement des champs. Dans les montagnes, selon les plaidoiries du procès de Rif Tort, ils « arrachaient la motte », c'est-à-dire la tourbe.

Le pays a certes connu des abus, du fait de l'exploitation des mines. Mais qui pourrait dire la part qu'ils comptèrent dans le déboisement ? La forêt de mélèzes qui recouvre les pieds de la Meije, face à la Grave, ne se serait constituée ou reconstituée qu'à partir du XVIIIe siècle.

Donc, l'antique forêt remonterait à des dates plus lointaines. Les « scientifiques » s'efforcent de faire concorder les aléas de la forêt avec les fluctuations du climat. Ils avaient déjà remarqué dans les « tufs » du col du Lautaret, actuellement déboisé, des vestiges et des pollens, témoins d'une ancienne forêt de pins (probablement à crochets) établie sur les traces des grands glaciers.

Michel Couteaux, spécialiste dans l'étude des pollens, a effectué de nombreux sondages dans les tourbières de Brandes, des Deux-Alpes, de la Muzelle et de la Lavey. Les analyses des couches sédimentaires qui remontent aux lointaines périodes, que l'on dénomme : dryas, bölling, alleröd, boréal, atlantique, subboréal, subatlantique, laissent entendre de fortes variations climatiques. Il a pu ainsi découvrir dans les limons, les argiles ou les tourbes, les pollens conservés de nombreuses espèces, y compris de noisetiers, de chênes, d'ormes ou de noyers et de hêtres. Chacun sait que les vents peuvent apporter sur les glaciers des feuilles des basses vallées et à plus forte raison des grains de pollen. Néanmoins, la présence d'une forêt de pins de montagne semble assurée à plus de 2000 m en des lieux actuellement réservés aux pâturages. « A l'Allerod existe à l'Alpe d'Huez une forêt dense de pinus, jusqu'à des altitudes assez élevées... Cette forêt a été détruite depuis plus de dix millénaires, sauf en quelques points privilégiés, par exemple la haute vallée du Vénéon depuis les Etages jusqu'au Carrelet » (M. Couteaux). C'est là histoire très ancienne.

Les hommes de ces montagnes entretiennent avec l'arbre des rapports ambigüs. On les a dit pillards et destructeurs. Certes, lorsque le besoin de se nourrir, de faire paître leurs bestiaux et surtout leurs chèvres, les contraint à empiéter sur le domaine de l'arbre, ils n'y manquent pas. Il faut bien entretenir les ponts, édifier des charpentes... Et on prend sans doute au plus proche. Au début du siècle encore, les sous-bois étaient nets de bois morts et de feuilles. On pouvait s'accorder quelques privautés, en passant, sur le domaine du Seigneur, ou le domaine de la communauté.

Mais il savait bien, le paysan, que la forêt des pentes retenait la terre, retenait l'eau, retenait la neige, le protégeait et protégeait ses champs. Les ravinements, ruines qui saccageaient les champs reviennent dans toutes les doléances de « révisions de feux » aux XVIIe et au XVIIIe siècles, comme un refrain. Le frêne est l'arbre tutélaire qui donne ses feuilles et ses rameaux pour nourrir les bêtes en hiver... Le bouleau le remplace à la Bérarde, l'érable cycomore à Lanchâtra... L'arbre symbole de durée, inépuisé, inépuisable.

Les forêts de l'Oisans n'ont pas la renommée de celles de Belledonne, des Préalpes du Nord, des Savoies ; leurs bois, lentement poussés, souvent noueux mais solides, parfois tordus, souvent maltraités par les coups de vent (les chablis) et les avalanches n'en sont pas moins une ressource. Du temps d'Allix, dans les années 25-30, douze scieries débitaient des poutres et des planches. Mais les difficultés de débardages en pentes raides et dans des conditions souvent périlleuses, les accès et dessertes difficiles ne feront jamais du bois la richesse du pays.

On se rachète comme on peut. Ici c'est par la variété... L'Oisans ne connaît pas l'uniformité du sapin ou de l'épicéa, à la longue monotone et triste. Bois noirs et bois blancs, résineux et feuillus alternent dans une heureuse proportion. Selon les pentes et les « regards » on rencontre le chêne, le fayard, l'ormeau, les différents érables, champêtre, de Montpellier, à feuilles d'obier et sycomore, y compris le plane que l'on dénomme à St-Christophe « le play ». Les sorbiers et les alisiers égaient les plantations clairsemées de leurs grappes rouges. Les bouleaux aiment le sable et ils sont servis, les trembles colonisent les champs abandonnés, mais leurs beaux troncs à couleur d'olive n'ont pas la qualité du bois plus fin du bouleau, souple, durable. Les cluys de chaume posés sur des lattes de bouleau, assemblées par des brondes du même bois forment une œuvre à défier le temps. Lorsque, portant une main sacrilège sur ce couvert apparemment pourri, je découvris la fidélité du bouleau, bonifié avec le temps dans ma grange de St-Christophe.

L'Oisans c'est aussi la rencontre du mélèze venu d'Orient et du sapin et de l'épicéa, venus d'Occident. La ligne de démarcation se situe quelque part entre les bois des Travers et du Sappey et le Chambon. Et le hêtre ou fayard reste arbre de l'Occident. Le mélèze, arbre des catastrophes, poursuit sa marche conquérante vers le Cornillon, vers Belledonne.

Sur les crêtes, à l'épreuve des tempêtes, quelque peu fracassé, mais toujours vivace il se bat en compagnie des pins d'altitude. Les pins à crochets, dont la forêt du Carrelet fournit un beau peuplement, s'affrontent aux pins cembrots ou arolles. Les premiers préférant les versants ensoleillés, les seconds les versants à l'ombre. La ligne de partage sur les crêtes de Belledonne est d'une netteté remarquable. Sur tous ces lutteurs d'altitude les botanistes ont exprimé des pensées qui se rattachent plus à la poésie qu'à la description scientifique. Favarger a écrit des pages enthousiastes sur ce vieux lutteur d'arolle qui peut atteindre le millénaire. C'est probablement à eux que s'adresse Michelet. « Vieux pontifes, puissants médecins, dites-moi, je vous prie, le mystère de l'immortalité. Une initiation toute entière est en vous, dans les forêts de montagne. »

Cet amour de l'arbre, familier de l'homme, matériau noble et vivant, Pierre Paquet le ressent. Faire son bois est la passion de ses vieux ans. Et il se souvient avec émotion des périodes d'inter-saison, des périodes de liberté : « Lorsque les enfants étaient petits, nous les mettions au lit, puis, avec ma femme, au clair de lune, nous allions couper le bois, le débiter, le tirer sur le sol gelé. Parce que, tu vois, ça peut être dangereux d'aller seul au bois. S'il t'arrive un accident, tu y restes. »

Faire le bois est un travail d'hiver. Aujourd'hui on n'en a cure et il faut traiter planchers et charpentes. Les anciens avaient coutume de dire que le meilleur moment pour le bûcheron était la vieille lune de l'Avent. A ce moment la sève s'est retirée et elle n'a pas commencé sa montée qui suit l'ascension du soleil sur les crêtes. Les vers et « chirons » ne trouvant pas de sucre, abandonnent la partie.

Les arbres de nos montagnes, on n'aurait jamais fini de les chanter. Dans les champs, dans les forêts, dans les landes d'altitude, ils se contentent d'être. Dans leurs sculptures infligées par les pesanteurs du sol et des neiges, les contournements des roches, les courants des météores et l'appel de la lumière, ils nous font rêver. Au front des avalanches, dans les coudes des torrents, les formes m'interpellent.

Visions

De St-Christophe à Vaujany, à l'angle d'une maison, sur un gradin ensoleillé, à la porte d'une grange, présents, provocateurs. Troncs tourmentés, racines tortes, gargouilles moqueuses, monstres d'un autre monde, auxquels un artiste local, facétieux et désœuvré ajouta un œil terriblement fixe, s'offrent au regard familier de ceux qui habitent et à la vue distraite et étonnée de ceux qui passent...

Ici, à l'état natif, commence l'émoi esthétique qui est frisson, qui est rêve, qui est vision, sourire attendri et sarcastique.

Ce bois normalement destiné à la flamme est devenu évocation, est devenu histoire. De la lutte des racines avec les rocs. Comme les doigts d'une main agrandissant la fissure, ils sont ancrés à la pente, ont enserré la pierre chauffée par le soleil, ont fouillé la terre nourricière, cherché l'eau.

De l'arc-boutement contre la pente qui descend vers la vallée, contre la pression du pesant manteau des neiges accumulées.

Flammes, ailes, serpents, voici les enchevêtrements séculaires des genévriers blanchis comme squelettes, aplatis sur les clapières par le poids des neiges et les claques des vents.

Les voici les hôtes des landes d'altitude, encore imprégnés des senteurs de paradis, au royaume des rosages, enjolivés des baies de myrtilles, busseroles et camarines, providence des tétras et des grives passagères, des culs blancs et des rouge-queue. Abris de la péliade qui se coule, furtive, hors des pas de l'intrus. Voici leur ciel découpé de cimes, hanté par le vol de l'aigle, ou l'aigre appel d'un casse-noix. Symboles de résistance, extensions et repentirs.

Ailes sculptées par les arrachements de l'avalanche, panaches d'un coq ou d'un oiseau imaginaire en parade d'amour, jaillissement de plumes et de pousses comme espoir des printemps, après les blessures de l'hiver, indomptables pousses d'épicéas toujours repliés vers la lumière, disant le pluie et le soleil à leurs courbes et à leurs redressements.

Mélèze mutilé, délaissé par le débordement de l'avalanche.

Noir comme le temps, mais de chair rouge sang. Hiver après hiver tes fibres ont sailli, nerfs et artères, structures dénudées qui s'accrochent, peignes et pyramides, aux moignons des branches.

Oisans !

architecture
sans architecte
à Clavans.

Un urbanisme intégré.

A droite, clavans

ux granges.

Bernardières.

ancien pont de St Christophe.

Sculptures.

Pages suivantes
à La Grav

A droite
Automn

A droite
« Lilium Croceum
En bas
« Le cristal aic
à comprendre le matin.
Gaston Bachela

Ci-dessous et à gauche : Aux 2 Alpes. L'envers du décor.

Familiers
du rocher.

Fenaison.

Haut Vénéon.

Page suivante :
peau de nos montagnes...

Fayards, érables massifs creusés de noires cicatrices, caverneux, modelés par le tourbillon des flux et des sèves. De vos arcanes naît Atlas : arc-bouté sous le poids des montagnes. Enfourchements, légers, danseurs, vous énoncez le nombre et le rythme. Réseaux qui sous l'écorce s'enroulent et méandrent, vous révélez écoulements et contraintes. Ordonnance hasardeuse de la vie, à jamais figée dans l'éternité.

Appellations

Les terroirs, les « lieux-dits » (comme on dit) tirent leurs noms de l'observation des peuples successifs de ces montagnes, paysans avant tout. Les amateurs de toponymes s'efforcent d'en éclaircir les sens proches ou lointains. De toute évidence, ce qui pousse, poussait ou ne pousse plus a marqué un coin de pays pour la suite des siècles.

A Besse et au Bessay d'Oz le bouleau domine et son nom porte la marque occitane. Au Freney c'est le frêne, au Verney, aux Vernois et au Vernis c'est la verne, nom patois de l'aulne. A l'Olmet poussent des ormes caractéristiques (ulmus glabra). Sur la commune de Mont de Lans vous trouverez des hêtres ou fayards dans le bois du Fayol, mais surtout, en face fraîche, des sapins au Sappey et des chênes (rouvres) à la Rivoire comme au Roberand d'Oz.

Des saules bordent la rivière de la Salce à Besse et les marécages de la Saulce dans le Vallon de Valfroide. Les aulnes verts ou vaurzes ont baptisé les cabanes des Vourzillas et une pente près du hameau d'Arsine appelée Verzilla.

Parfois les plantes sauvages ont servi de prête-nom. C'est le cas pour les orliers du Vallon des Buffes entourés d'orles (épinards sauvages) comme la plupart des cabanes alpestres. De vastes pâturages de la Grave ou de Besse sont dénommés Querelle, Querlée sans doute à cause de la grande fétuque péniculée dite ici kaïrel. La Citrière de Mizoën porte le nom patois du fenouil sauvage abondant en ces lieux : la « citre ».

Ailleurs, le mode de culture ou la vocation du terroir nous renseigne. Coteyssard d'Allemont, au milieu des forêts indique l'essartage par le feu. Cluy d'Auris est le nom patois des chaumes de seigle, et l'orge y poussait sans doute sur le replat des Orgières.

Finalement on s'étonne devant les noms bizarres des cartes et des cadastres. Les loueurs de chambres inscrivent bien sur les portes des noms de plantes, de sommets, de champignons, de bêtes ou des noms d'oiseaux et chacun trouve le procédé poétique. Nos anciens ne s'étaient pas cassé la tête, ils caractérisaient l'endroit par un repère naturel. « Tu sais le nom, disait Alpinus, le pâtre sait la chose ».

Senteurs

Peut-être qu'aux périodes de l'été finissant les hommes d'ici sont attirés vers la haute montagne par un mystérieux instinct que cache le prétexte de traquer le chamois.

C'était par une belle journée de septembre toute de douceur. Les massifs s'étalaient à la ronde jusqu'aux lointains horizons. Pas un souffle de vent. On entendait à distance les cloches des troupeaux, l'appel des pâtres, les bruits de la campagne libre et renouvelée.

Pour le plaisir, je grimpais sur une aiguille du massif limitrophe des Argentières qui porte le nom d'une jeune fille morte sur les monts.

Soudain mon âme fut envahie par les effluves de la montagne. Dans les fissures, sur les vires à Balmain, appliquées au rocher, des érytriches aux corolles d'azur, des rosages tardifs, des saules nains, des livèches, des buplèvres aux têtes ensoleillées, des groupes de genépi, des gentianes, des silènes en touffes denses tournaient vers le ciel leurs floraisons. S'y produisait encore le mystère de l'amour.

Alors résonnèrent en mon âme ces paroles de Michelet :

« Tout amour a sa magie, ses secrets, ses arts de fascination. Les oiseaux ont le plumage, le chant. Tous les animaux ont la grâce du mouvement. Par elle, ils exercent une sorte de magnétisme. Les parfums sont le magnétisme de l'amour végétal. »

Le parfum de paradis pénétrait mes narines, mes pores, mon âme. Instants de bonheur où l'on voudrait que le temps s'arrêtat, et qui laissent pressentir l'éternité.

Je m'efforçais de deviner les essences et l'origine de cet air embaumé. Lichens, mélanges de rosages et de fleurs des crêtes ? L'alchimie des montagnes d'Oisans composait un de ces philtres qui vous attachent à un pays qu'on ne peut désormais oublier.

CHAPITRE **5**

Compagnons apprivoisés

Et le chien dit à l'homme :
« Ne te mange plus.
Je vais t'assembler des troupeaux
Et je te les garderai »
Alpinus

Les bêtes que l'on dit sauvages

Pour connaître les pierres il faut être maçon ou ardoisier, mineur ou chercheur de cristaux. Pour connaître la démarche du soleil sur les crêtes ou l'arrivée des nuages et des tempêtes, il faut être un lève tôt : paysan, guide, chasseur. Pour connaître les lunes et le calendrier, les avents, les quatre temps et les rogations il faut savoir la lune des braconniers du mois de mars et la lune des moissonneurs du mois de septembre, il faut être paysan. Pour connaître les plantes il vaut mieux être pâtre, rebouteux ou guérisseur. Pour connaître l'eau des lacs et des torrents, il convient d'être meunier ou pêcheur. Pour connaître la fraîcheur de l'eau il faut avoir soif, la saveur du pain il faut avoir eu faim, l'économie et le prix des choses, il faut avoir été pauvre. Pour connaître les enfants il faut en avoir faits et les avoir élevés. Et pour connaître les animaux de la montagne il faudrait avoir été pâtre ou libre braconnier.

Au nom de je ne sais quel abus de langage, on n'inclut dans la faune des montagnes que les animaux sauvages, et encore les plus caractéristiques : aigles, marmottes et chamois... si l'on est touriste. Les lépidoptères, orthoptères et autres tysanoures si l'on est scientifique distingué. La sauvagine et les bêtes « puantes » : martres, fouines, hermines, belettes et le gibier, si l'on est chasseur.

Mais les ânes et mulets, les taureaux, vaches, génisses et veaux, les chèvres, leurs boucs et leurs cabris, les brebis et les béliers, les oublierait-on ?

Si je m'avisais d'écrire que l'Oisans compte quelques milliers de chamois, quelques dizaines d'aigles, quelques unités de grands ducs, quelques milliers de marmottes qui prospèrent ici, régressent là au gré des pullulations et des épidémies régulatrices. Si je m'avisais d'enregistrer les errances des bouquetins dans les barres qui dominent la Romanche en rive droite et le Vénéon dans les adrets, à croire qu'ils cherchent, depuis les Cerces, à élargir leur domaine. Si je m'efforçais de rechercher jusqu'où errent les sangliers (on a relevé des « pieds » dans les contreforts forestiers de la Muzelle). Si j'évoquais le recul des tétras (coqs de bruyère) loin de l'agitation et loin du bruit et des câbles de téleskis. Si j'avais la sotte prétention de dresser l'inventaire de la faune de l'Oisans, je tomberais dans le piège du particularisme folklorisant, de la fausse approximation statistique et d'un labeur inutile. Essayez seulement de compter dans un troupeau de brebis les bêtes vivantes et libres de leurs mouvements, de leurs faims, de leurs soifs, de leurs voisinages.

A quoi bon énumérer les espèces sauvages ou rares ? Quelle importance de faire savoir que j'ai aperçu sur la route des Etages un guêpier d'Europe aux vives couleurs, ou du côté des Fréaux un merle de roche au plumage éclatant. Ce sont là rencontres fortuites comme les tichodromes échelettes dits « papillons des roches » qui viennent l'hiver fouiller les murs de nos granges en quête de mouches engourdies, les ascenteurs alpins (dits « rocardes ») qui viennent picorer l'herbe jusque devant la porte des maisons quand la neige recouvre la montagne. C'est merveille à l'automne de porter les yeux sur un vol d'alpins, dits niverolles, avec leurs ailes blanches dans le soleil et de les retrouver au printemps à la lisière des névés. Les grands rassemblements des tarins des aulnes à livrée jaune accompagnés de quelques chardonnerets égaient, l'hiver, les rives de la Lignarre. C'est un plaisir d'assister, à la remontée le long des haies, des vols de merles à plastron, messagers du printemps. C'est une surprise de tomber sur une réunion de grives dans un secteur de vieux pommiers, d'alisiers, de sorbiers, trahies par leur jacassement. Le concert modulé de la première grive musicienne emplit le cœur d'allégresse. Encore faut-il l'écouter, encore faut-il savoir saisir le premier chant du coucou annonciateur de la belle saison.

Comment pourrait-on les dire sauvages, ces oiseaux qui viennent (encore) nous porter à domicile le passage des saisons ou l'arrivée de la pluie, comme les pics. Il faut entendre, au petit matin de mai, le ramage des rouge-queue dans les cheminées du village de Villard-Reymond encore engourdi dans l'hivernage. Il faut surprendre le « tac, tac » du cul blanc, dit traquet motteux, guetteur sur un rocher d'alpage de l'arrivée des troupeaux.

Certains , il faut aller à leur rencontre et les avoir assez pratiqués pour pouvoir les trouver ; je pense aux bartavelles qui régulièrement se rassemblent dans les gazons parsemés de rochers et précocement déneigés sous le village d'Huez. Je pense aux casse-noix des derniers arbres de la forêt de Belledonne qui lancent dans des paysages désolés leurs cris aigres. Je pense aux perdrix blanches, dites lagopèdes signalées dans les toundras arctiques du Taillefer, du Rochail, des Rousses et sous le front des glaciers du grand massif par leurs tas d'excréments et leurs coassements. Je pense aux ombrageux coqs de bruyère dits tétras-lyres qui s'assemblent aux forêts clairsemées des Villards, de Belledonne. C'est un plaisir sans égal, après une nuit à la belle étoile en bordure des névés, de surprendre l'intempérance de leur roucoulement amoureux et leurs danses folles.

Nous voyons arriver, dans ce pays d'Oisans, ce qu'on appelle les visiteurs. Ils voudraient, sur commande, voir des chamois ou la faune typique de ces montagnes. Des chamois ? Il suffit d'assister matin et soir à la descente du troupeau de l'Aiguille de Venosc. Il vient sans vergogne s'ennivrer de l'herbe nouvelle des prairies des Etroits. Il m'est arrivé de jouer à cache-cache (comme cela se produit souvent avec les écureuils) avec un vieux mâle, dans des acacias à mi-pente du Cornillon. Il eut le dernier mot, en quelque sorte, puisqu'il manifesta la coquetterie de ne pas se sauver pour se faire connaître.

Lorsqu'on parcourt la montagne, à condition de les repérer, ils s'érigent souvent en spectateurs des allées et venues de ces gens étranges qui arpentent les névés dans un but indéterminé. S'ils ont décidé, lorsque la neige s'annonce, de prendre leurs quartiers, le soir tombant, dans un abri sous roche, vous avez beau gesticuler, taper dans les mains, superbement indifférents, ils vous ignorent. Cette indifférence jointe à une curiosité naturelle leur est souvent fatale. Quant aux ébats des cabris et éterlous dans les névés pentus, terrains de prédilection, leur spectacle suffirait à dissuader un cœur sensible de les chasser.

Elles ont pourtant un fichu caractère ces antilopes de montagne. Jean-Marie Gaspard des Granges avait recueilli un cabri abandonné. Il l'éleva parmi ses chèvres, c'était en 1973 et 1974 (date de la « fondation » du Parc des Ecrins). Le jeune chamois profita de la bonne nourriture de son maître et grandit au-delà du gabarit de ses congénères. Il entreprit même, un printemps, une escapade vers Lauranoure, mais décida de revenir au bercail. L'ennui, c'est qu'il se comportait, dans la cour pavée des Granges, en pays conquis : faisant la loi aux volailles, aux chiens, aux autres animaux domestiques. Un beau jour, l'ingrat, il blessait son maître de ses crochets acérés. Il fallut se résoudre à le chasser. Il ne se décida à regagner la montagne, son domaine, que sur l'insistance pétaradante des chasseurs du voisinage. Telles sont les bêtes farouches que l'on dit sauvages.

L'histoire du chamois à Jean-Marie n'est pas un épisode isolé. Un Brun de l'Eyssart, commune de Villard Notre Dame, avait lui aussi élevé son chamois... Celui-ci l'accompagnait comme un chien jusqu'au chef-lieu, lorsqu'il allait jouer à la belote et trinquer avec les amis, manifestant quelque répulsion à pénétrer dans le village, à cause des chiens peut-être. Il périt, semble-t-il d'un coup de froid, supportant mal les contrastes entre l'étable et le plein air.

L'énigme des montagnes d'Oisans, n'est pas la présence des animaux sauvages, c'est celle des chasseurs. Les histoires de chasse de Pierre Gaspard, de Giraud-Lezin de Villar d'Arène, des Pic et Matonnet de La Grave, des Rodier et des Turc, et des Richard de St-Christophe, de Ferdinand Genevois dit Pè Banc du Rivier d'Allemont, Balme et Barthélémy de Venosc, Doulat, dit le Père Bourre des Sables en Cornillon, ont été contées par les disciples de St-Hubert, St-Séverin de Trédicini, Théodore Camus, Alpinus, Couturier, Manquat, Le François et sans doute bien d'autres. Leurs exploits, authentiques, leurs ruses, leur passion, les risques insensés qu'ils encouraient sont l'objet d'une sincère admiration.

« Rien ne saurait calmer leur ardeur et leur irréflexion, écrivait au début du siècle passé le Baron d'Haussez... Un chamois y passe, telle est la réponse aux observations qui leur sont faites sur les dangers auxquels ils s'exposent dans leurs hasardeuses expéditions, telle est aussi la règle de leur point d'honneur. » Décrivant les gens de la vallée de Livet, Taulier, dans l'Album du Dauphiné renchérit : « Hardis chasseurs, nul danger ne les arrête, la crainte n'a pas de prise sur leur âme, ils sont insensibles à la fatigue, aux privations quand il s'agit de poursuivre le gibier qui rarement échappe à leur patience et à leur adresse... » Orfèvre en la matière, et tout en se justifiant, Alpinus, dont il faut lire « La chasse alpestre », livre de nature et livre de bien vivre, évoque le « martyrologe » de la Grave en son temps : 16 chasseurs, dont 4 Pic. Et il explique : « Le chamois près d'expirer monte capiteux au cerveau du chasseur.

De roc en roc il se retire, toujours prêt d'être atteint, toujours insaisissable. L'homme se trouble, s'exalte et se grise et dans ce duel inégal où l'antilope a le choix du terrain, l'homme affolé succombe. »

Ce chamois qui nargue le chasseur, ce « cornu », serait-il le diable ? Il existe un mystérieux envoûtement dans la chasse alpestre que ne sauraient comprendre les profanes des pays plats. Les témoignages de bons amis me laissent supposer un arrière fond inexplicable. Certes, en ces pays de labeur et de pauvreté, la chasse apportait jadis un complément appréciable au maigre brouet de chaque jour. Certes il y eut toujours des viandards insatiables. Certes, le besoin de domination du mâle se retrouve dans l'aventure cynégétique et dans la forfanterie des nouveaux convertis de la chasse, à la mode de Tartarin de Tarascon.

Théodore Camus a narré une chasse avec les Gaspard, le Père et Maximin, accompagnés de Joseph Turc dit le Zouave. Une chasse dans l'Aiguille du Plat de la Selle et un exploit d'adresse et de témérité. En épilogue au récit implacable et cruel, cet homme des villes, de culture et de religion, ajoute : « Il me semble que la chèvre pleurait et que le petit tournait vers elle sa tête ensanglantée, pour lui dire adieu... Ses jambes se détendirent, il glissa sur le rocher et tomba... » C'est tout. On chercherait en vain l'expression d'un remords ou d'une justification.

Cette justification, Henri Meunier ne se dérobe pas pour la chercher, dans un petit livre intitulé « En un collier de chair et de fourrure » :

« Quelle est la raison qui me pousse à le tuer se dit-il ? Je n'ai pas besoin de sa chair pour apaiser ma faim... Je ne crois pas être cruel. Je n'aime pas la souffrance. Je vais le tuer par orgueil pour prouver que je suis le plus fort. Pour me prouver que je suis le plus fort... Quoi, je vais le tuer parce que je l'aime. Peut-on tuer ce que l'on aime, peut-on tuer par amour ? Oui, je crois que c'est cela la question. On peut tuer par amour puisque je le fais. »

Existe-t-il d'autres réponses ? Nous sommes là au cœur du mystère de l'homme, du paradoxe de l'homme qui inventa la pitié. En pleine subjectivité, comme on dirait aujourd'hui dans les cercles lettrés. Je ne suis pas chasseur. Je bannirai l'intolérance qui s'efforce d'imposer aux autres, sous les artifices du raisonnement et du discours, sa propre échelle, ses propres critères. « Il faut de tout monde pour faire un monde » disait, dans sa sagesse, ma grand'mère.

Henri Meunier, passionné de pureté est, à mon sens, totalement sincère. Tourmenté, il poursuit depuis des années une réflexion active sur la chasse et non pas une autojustification. Il réussit, avec les chasseurs de Villar d'Arène, guides, paysans, à instaurer un plan de chasse qui est limitation volontaire, prélèvement des excédents, reconnaissance et correction loyale des erreurs. Les protecteurs de la nature s'accordent unanimement à reconnaître la valeur éducative et régulatrice de la chasse en ce secteur et son caractère exemplaire.

Quant à la question sentimentale ou éthique, qui saurait me dire quelle est la différence entre la chasse au chamois et le « sacrifice » d'un agneau joueur aux yeux innocents emplis de paradis ?

Troupeaux, troupeaux

L'Oisans n'est certes pas un pays de « grandes montagnes » comme la Tarentaise. Le paysan y joue sur tous les tableaux. Pour s'en tirer, il élève quelques vaches, des brebis mères et leurs agneaux, des chèvres et leurs cabris, fait travailler un mulet qu'il achète, dresse et revend aux maquignons savoyards, il se contente parfois de l'âne, engraisse un cochon pour emplir le saloir. Dans le voisinage des bêtes de rapport, vivant de miettes et de restes pour ne rien laisser perdre, les poules pondent leurs œufs et les lapins donnent leurs portées.

Compagnons indépendants, les chats et les chiens sont auxiliaires indispensables et commensaux et non bêtes de compagnic contaminées par nos maladies, nos névroses, notre frivolité ou notre agressivité. Chats de campagne qui guettent dans les champs le campagnol et dans les greniers le mulot et viennent selon leur humeur et leur plaisir se chauffer au coin du feu quand la famille se rassemble. Chiens de bergers bourrus et frisés à l'œil brillant et dont la perte, au terme de bons et loyaux services et d'une vieillesse encore active, est considérée comme la disparition d'un être cher. « Lorsque notre petite chienne noire est morte, me disait une fois Maria Gaspard, nous en avons pleuré. Il ne lui manquait que la parole. On n'avait qu'à sortir de la maison, regarder les chèvres à la jumelle vers Lauranoure, les montrer du doigt, elle partait toute seule et deux heures après elle les ramenait à la maison. »

Le géologue Pierre Termier, hôte de la famille Dussert gardienne du troupeau de Clavans à l'Alpe de Serenne a chanté les vertus du maître chien du pâtre transhumant : « pelage gris de fer aux longs poils qui laissaient à peine voir le museau et les yeux, maigre à faire douter de sa vigueur... — La graisse des chiens ne se vend pas, disait sentencieusement le pâtre — L'air bon et affectueux, les yeux noirs et vifs, la voix forte et claire... qui prévoit les ordres et devine sur le visage du chef la pensée naissante... la trajectoire qu'il décrivait de son corps, pareil à un projectile, traçait dans l'Alpe la manœuvre à exécuter, la route à suivre ; et nous voyions aussitôt le troupeau tout entier obéir, changer de direction, gravir ou descendre les pentes et les bêtes attardées se hâter de rejoindre la colonne, poursuivies par les autres chiens, les chiens subalternes, qui, à leur tour avaient compris. »

Pendant le long hiver tout ce monde, comme dans l'arche de Noé, s'entasse et cohabite pour traverser la mauvaise saison. Au rythme de l'amontagnage ou du démontagnage tout le monde devient nomade et gagne les cabanes des montagnes pour y contracter de nouvelles habitudes. Le « montagnier » vit avec les bêtes.

Si vous parcourez l'immense domaine qui depuis les dernières maisons habitées jusqu'aux neiges permanentes couvre les replis de ce pays, vous irez de découverte en découverte. Villages de cabanes d'été, chazals isolés signifient que ce pays était intensivement peuplé de troupeaux à l'estive. L'espace pastoral fut un espace vivant et civilisé. Aujourd'hui on ressent devant les ruines, les cabanes closes ou délabrées le drame de son abandon.

Dans la basse vallée, Gavet tenait montagne au Poursollet, Rioupéroux à la Barrière et au Pré d'Ornon, Livet au Treuil et à Mirebel. Ornon à la Jasse, Oulles au Carrelet, la vallée de l'Eau d'Olle et Allemont se raccrochaient aux Chalanches, à la Vaudaine, aux Chuzeaux, le Mollard à ses Clots, le Rivier à Mal Pourchié, la Pessée, la Suif. Vaujany étageait ses cabanes pastorales jusqu'au Col du Sabot, construisit des cabanes au Valonnet, Roche-Melon, Mont-Frais. Oz à l'Olmet ou à l'Alpette. Huez estivait à son Alpe, Auris à Cluy, aux Orgières, Clavans à Sarenne, mais il jalonnait de cabanes la haute Combe du Ferrand jusqu'aux Sauvages et aux Quirlies. Besse parsemait la Combe de la Vallette jusqu'aux Prés Nouveaux : la Boire, Côte Brune, Tirequeue Querlée, montait par Cassin aux chalets de Rif Tort ; Mizoën « le village » de l'Alp, Cognet de Lauche, Voyron, Girardets, la Fay, Cabanote ; la Grave étale son domaine pastoral dans la Combe du Gâ : les Rivets, Querelle, Combettes, Bernes, les Orliers, les Vourzillas, les Buffes. En Paris et le long de Maurian jusqu'au Col Lombard et aux Aiguilles d'Arves, depuis Valfroide, Pré Rond, Puy Garnier, la Celle.

Des familles, génération après génération, sont montées là-haut avec leurs troupeaux. Si les pierres parlaient, si l'âme des troupeaux pouvait raconter à ceux qui, suivant les routes, ne devinent pas même l'existence du haut domaine, la montagne à vaches, à brebis, à chèvres nous apparaitrait comme un autre Oisans, presque égal à celui des villages et aujourd'hui en voie de disparition. Ce n'est pas le Dieu Pan qui se meurt, mais la civilisation des Pâtres.

J'ai accompli les corvées des chemins auprès de Louis Venera de Mizoën, j'aime son calme, sa sagesse. En lui s'exprime l'âme des pâtres et la nostalgie des Clots et de Rif Tort « ses montagnes » :

« Je suis monté à la montagne du Fay, à Rif Tort, dès l'âge de 5 ans, mon frère René avait un an et il vivait là-haut avec nous. Une de mes sœurs est née aux Clots où ma mère, puis Jeannot, et un peu tous nous mettions les bêtes avant et après la montagne.»

Le Père était venu travailler au barrage et a continué à l'usine électrique. Il s'est marié avec une fille de Mizoën descendante du « Père Tite », qui lui donna huit enfants : Marie, Jeannot, Georgette, Yvonne, Madeleine, Roger, Louis et René. Pour tous, la première patrie était les Clots et Rif Tort, et la maison de Mizoën le havre pour passer l'hiver. Madeleine et Yvonne ont construit un refuge, là-haut, tout près de la grange du Fay où elles gardent encore le troupeau communal, les bêtes de la famille et une marmaille de neveux et nièces aux yeux rieurs et aux joues rouges et rebondies. Louis, pour faire vivre sa famille, a dû abandonner le travail de « montagnier ». Il s'est embauché hiver-été aux remontées mécaniques des Deux-Alpes. Monter à Rif-Tort est cependant une tradition, un pélerinage, un jour de fête.

« Nous avons tenu montagne de 1940 à 45. A partir de l'âge de 8 ans, je faisais le pâtre et la mère venait m'apporter le dîner. On se levait à la pointe du jour pour traire et au soleil je m'en allais. Ah ces garces de vaches ! Si tu t'amusais avec les chiens à attraper des marmottes, elles avaient disparu. Les près de Besse, elles y allaient direct. Il restait à aller les chercher. On envoyait les chiens, mais l'Angélique les tenait prisonnières. Il fallait y aller, nous. J'étais timide et j'en menais pas large. (Les grands, eux, ils profitaient de l'occasion pour aller voir les filles à Besse). D'autres fois elles se mélangeaient avec celles de la Grave qu'ils laissaient à l'abandon. C'était le cirque pour les trier. »

« A l'époque il y avait du monde là-haut. Nous étions quatre montagniers de Mizoën : Berard « Cousin », Marie « Lauzet », Aigut le beau-père de la Charlotte au Riou dont le fils est mort à l'Herpie. Ma sœur Georgette avait fait bergère chez eux. Comme voisins nous avions le transhumant Gouirand, à l'Alpe, Phonse Gonon tenait la Sitrière et Girardet à Cote. Sur Besse il y avait l'Angélique, le Baty, François Sac, André Thieve (Ougier).»

« Tout était mangé et on trouvait encore moyen de faire du foin. Une poignée de là-haut valait une brassée d'en bas. En 59, quand le Père Jouanny a installé le câble nous faisions deux voyages de l'Alpe à Rif Tort. Départ pour faucher ou transporter à deux heures et demie du matin. On comptait une tonne et demie par vache pour l'hiver. On aurait pu descendre de 5 à 6000 ballots de Rif Tort. Maintenant, tout ce fourrage se perd et la mauvaise herbe prend le dessus.»

« C'était quand même la belle vie. On partait aux Clots avec les bêtes au printemps. Vers le 9 ou le 11 juin nous préparions la montagne et nous montions tous : la mère, les enfants, les vaches une vingtaine, de 150 à 180 brebis, les poules, les lapins, le cochon. (Il y avait nos bêtes et des pensionnaires). Nous faisions beurre et fromage. La mère descendait le beurre au Freney et le fromage on le mangeait ou on le gardait pour l'hiver. Les enfants ramassaient aussi des mourres pour faire la salade (on les mettait blanchir sous une lauze), des « ourles » pour les épinards, des « borions » (campanules jaunes) pour blanchir la soupe. On en mettait même à sècher pour l'hiver après les avoir fendus en quatre. Des violettes pour la tisane. Avec le lait, les pommes de terre, on était heureux. Les grands travaillaient au foin et montaient à Rif Tort le dimanche.

Pour la foire du Freney, le 18 septembre, on allait vendre des agneaux, on descendait les chèvres. A partir de cette date nous pouvions garder dans les propriétés. Les vaches étaient taries. C'était le temps des veillées. Nous allions chercher ceux de Besse, et nous partions jusqu'à la Buffe. Bien souvent on remontait à Rif Tort dans la rosée du matin. On a passé de bons moments.»

« C'est arrivé qu'on attrapait un lapin autour du chalet d'un voisin et puis on allait le voir : « J'ai attrapé ce lapin, on va venir le manger chez toi ! »

Ce temps de Rif Tort à laissé de bons souvenirs dans l'esprit et dans le cœur de Louis... Il en parlerait des nuits entières. Toutefois, il lui a fallu s'adapter au gré des circonstances. Les familles tenaient montagne ou cèdaient la place à d'autres selon l'âge des enfants, l'aide que ceux-ci pouvait fournir, les besoins et possibilités de « l'entreprise » familiale.

« A partir de 1953, jusqu'en 1976, nous sommes restés les seuls à Rif Tort. En 62 je suis descendu dans le midi. J'ai gardé les brebis pendant six hivers en Camargue et du côté de Beaucaire. Je montais le troupeau depuis la gare de Jarrie jusqu'à la Buffe. Une année nous avions 3 500 bêtes. Le voyage durait deux jours et trois nuits. Nous faisions étape à Gavet, à Rochetaillée et au Freney. A la fin, avec la circulation des voitures ça devenait impossible. L'été, je gardais le troupeau communal à Rif Tort. »

Louis n'est guère optimiste sur l'avenir de la vie pastorale à Rif Tort.

« Nous avons raté le coche quand le Père Jouanny voulait construire l'étable communautaire. Nous aurions pu garder des bêtes, on avait de la place pour les faire manger toute la belle saison et on aurait pu ramasser du foin et produire du lait pour la station.»

« Maintenant à Mizoën, il n'y a que 15 vaches, quelques chèvres et une centaine de brebis. J'ai gardé deux vaches et je ne vends que trois litres de lait. Ceux de l'auberge n'aiment pas notre lait parce qu'il sent la vache, ils le préfèrent en boîtes. Ils n'achètent même pas une salade.»

« On n'en a que pour le tourisme. On n'entretient plus guère les chemins mais on balise des sentiers. Les « écologistes » ramassent tout ce qu'ils trouvent dans les granges et les chalets, les araires, les oulles, jusqu'aux grilles des fenêtres pour arranger leurs résidences secondaires. Un curé a même pris les vis en bois de la presse à fromages et il est venu nous demander le plateau. Les maisons des Clots ont été pillées et maintenant elles sont presque toutes écroulées. Dans 10 ans, si ça continue, il n'y aura plus de bêtes à Mizoën. Pour le moment, on n'a que les transhumants. Plus de 10 000 bêtes sur le plateau d'En Paris. C'est un petit revenu pour les communes mais ça n'est pas tout.»

« Nous on a toujours la terre, les bêtes et la montagne dans le sang. Mais qu'est-ce qu'ils en feront nos enfants ? »

CHAPITRE 6

Peuple des montagnes

« Demain comme hier,
la grandeur des peuples se mesurera
au sillon tracé sur le champ d'Israël... »
G. Roupnel

Pierre

Chaque fois que je rencontre Pierre Paquet La Vierge, du hameau de Bénardière, commune de St-Christophe, je ne peux m'empêcher de penser à ce propos d'un paysan de la Cévenne : « Nos ancêtres étaient des géants, bref, c'étaient de petits hommes opiniâtres. »

Eh oui ! Ce petit homme de 80 ans passés, aux genoux usés par les portages (« ils n'ont plus ni huile, ni coussinets », constate-t-il), il est bien de la lignée des géants. Ceux qui ont appareillé (Dieu sait comment ?) au bord des chemins les blocs de cyclopes, ceux qui ont fabriqué et nivelé les champs et rendu une partie du pays cultivable et donc habitable.

Campé bien d'aplomb sur son bâton, la tête droite, le regard direct et le béret sur l'occiput, il aime communiquer l'histoire des générations et dire sa fierté de guide-paysan, d'artisan industrieux et de libre chasseur : toute une culture.

Faut-il, en grande pompe, affirmer que Pierre Paquet symbolise une résistance, accroché à sa terre. Il en rigolerait.

« C'était le 10 août 1923. Nous étions tous à la montagne du Souchet occupés à faire du foin. Vers 10 heures du matin le feu prend à une maison, puis à tout le village de Bénardière. Des gamins avaient chipé des allumettes pour faire du feu. Avec les granges pleines de foin tout y a passé. Je n'ai pu que sauver l'horloge que tu vois et quelques bricoles.

Je venais de rentrer du service militaire. Que faire ? Je me suis posé la question de partir comme d'autres. Ça ne m'enchantait pas. Alors je me suis embauché comme scieur de long ; (il y avait du travail pour refaire les charpentes.) Pour reconstruire la maison, il fallait de l'argent. Les guides s'en tiraient bien : j'ai donc décidé de faire comme eux. J'ai fait le « porteur » avec les Gaspard, puis, j'ai pris la cadence : tout en m'occupant des bêtes, du foin, du blé, du bois, des chemins. L'entraînement, c'était le travail : on aurait crevé des chiens ».

Pierre ne nous racontera pas ce qu'on appelle ses exploits alpins : la face sud de la Meije après Allain et Leininger, la face nord de l'Ailefroide après Devies et Gervasutti, la première à la face nord du Plaret qui intimida longtemps les plus intrépides.

« Ça risquait gros, mais ça gagnait gros. Tu comprends, il y avait les enfants à mettre aux écoles. Et ils ont su en tirer parti. »

« Pendant l'hiver, il fallait descendre des charges de foin de la grange du Souchet, quand on ne pouvait rien faire d'autre. Souvent le sol était gelé dur et des fois si glacé qu'il fallait tailler des marches avec le piolet. Avec la charge tu te calais comme tu pouvais avec les talons. Tu aurais loupé ton coup, tu passais au Vénéon en vitesse. La charge et le bonhomme on n'en parlait plus. »

Telle était la vie de Pierre. Paysan, guide, maçon, menuisier, bûcheron : « douze métiers de misères. » Et pourtant je ne l'ai jamais entendu se plaindre, on a même plutôt l'impression que cette vie était heureuse. Il faut l'entendre raconter, gestes à l'appui comment il recouvrait un toit de chaume, depuis la mise de côté des « cluys » jusqu'à leur savant agencement. Et à regarder la lumière de ses yeux...

Mais si Pierre est avec nous, pour témoigner, c'est un peu grâce à la chance. Une chance aidée par l'instinct de survie, comme une bête, comme Guillaumet, comme un homme.

« C'était le 30 avril 1959. En compagnie de Moïse Turc, nous étions montés au refuge de la Pilatte pour recevoir un rallye international de ski, organisé par le club alpin. Sur les deux heures de l'après-midi, comme personne n'arrivait, nous décidons d'aller à la rencontre des randonneurs pour leur faire la trace et leur montrer le chemin. Il neigeait et il faisait un brouillard à couper au couteau.

Au niveau du grand névé, toute la pente fiche le camp sous mes pieds. Sans rien y voir, j'entends Moïse derrière moi qui faisait « Ouh la la ! ». On a été bousculés. J'ai senti que je sautais la barre de rochers et puis que je filais comme sur un tobogan... Peu à peu tout s'est arrêté et tassé autour de moi... C'était le silence.

Comme une bête je me suis débattu... L'instinct, je crois. Puis je vois un peu de lumière et je repousse les boules de l'avalanche. Il ne fallait pas s'affoler.

Après ça mes deux jambes se trouvaient prises comme dans un piège sans pouvoir prendre appui, sans pouvoir me sortir. Avec mon opinel, j'entreprends de couper la neige, serrée comme du béton. Je dégage une jambe... Il a fallu continuer de la même manière pour la deuxième. J'ai bataillé pendant longtemps. Et quand j'ai pu me dégager, je suis resté un moment abasourdi.

Il fallait chercher Moïse : pas de traces, pas de réponse... Je remonte. Là-haut c'était un vrai champ de bataille : la cassure faisait deux mètres de haut. Pas de Moïse là non plus et toujours du brouillard. Je m'assois un bon moment en appelant...

Une petite éclaircie m'a permis de repérer le pluviomètre et j'ai pu rejoindre le refuge. Sans quoi, j'aurais gelé sur place. J'ai passé toute la nuit auprès du poële en attendant Moïse.

Quand les autres sont arrivés le lendemain, ils m'ont appris que l'étape avait été annulée à cause du danger d'avalanches. J'avais une grosse entorse au genou, mais j'ai pu descendre par mes propres moyens. J'en ai souffert tout l'été et l'hiver suivant et peut-être encore maintenant.

Tu vois, ce qui m'a sauvé, c'est peut-être l'habitude de se bagarrer tous les jours. »

Cette conclusion remplace tous les commentaires et toutes les gloses héroïques. Pierre Paquet n'est ni un héros, ni un surhomme. Simplement un homme de ces montagnes dont on pourrait tenter de s'ériger porte-parole ou défenseur. Quelle prétention ce serait.

J'ai connu parmi les anciens, Henri, guide, paysan, facteur, Alexandre une dignité de prince qui cachait une endurance de légende. Moïse mort dans l'avalanche, dont la discrétion et les rôles de second plan masquaient une résistance étonnante, Adrien, noueux et toujours intrépide, Jean-Marie qui entretenait l'environnement des Granges comme une pelouse et comme un jardin, Pierre du Puy aux gestes mesurés et à l'immense bienveillance, Gaston de la Lavey qui déraciné de sa ferme-refuge, sa raison d'être, préfèra comme Pauvre Martin, disparaître... Et puis tous ceux de la génération présente habitués à vivre non pas de rapines comme disait un auteur en vogue, mais de travaux divers. Ils se retrouvent tous, malgré les inexpiables querelles de clans, les méfiances et les mesquineries dues à une terre trop avare, à un pays trop enfermé, à une vie dure à gagner, dans la parole (ou la parabole) de Pierre. Braves gens et gens braves.

Envers et contre tout.

La fête au pays

Il est des moments, dans ce pays, où les paroles ont des ailes. Il y faut l'euphorie des libations généreuses, de la chaleur de société ou d'amitié, de l'étourdissement du discours.

Dans l'ambiance chaleureuse de la folle nuit du centenaire, cent ans après que Pierre Gaspard et son équipe eussent posé les pieds sur le sommet du grand Pic (de la Meije) pour que la formule se mît à résonner — sans fausse pudeur — dans toute sa plénitude. La seule excuse : c'était la fête au pays du Vénéon.

C'était le 17 août 1977. Après avoir célébré sous les orages de la mi-août, en l'église paroissiale, Pierre Gaspard, les guides, le monument de granit, et à la Bérarde la rencontre des alpinistes ouvreurs de voies et de volontés à la Meije, les guides devaient commémorer avec son et lumière sur le rocher consacré par Gaspard et sous le regard du peuple rassemblé au Chatelleret l'événement.

Cette fête fut le sommet dans la vie de notre association pour la survie de la vallée du Vénéon qui parvenue à un tel niveau ne pouvait plus, désormais, que décliner et s'éteindre.

Bousculée par les caprices du temps et les aléas de l'organisation, cette journée de convergences et d'unanimité fut, il faut le reconnaître, une géniale improvisation.

Faute de la grande Meije, le spectacle de nuit fut « rapatrié » sur cette taupinière servant de belvédère qui domine le hameau de la Bérarde : la Tête de la Maye. Notre imagination et nos discours y dessinèrent au gré des lumières indécises portées par les guides et les secouristes, l'itinéraire célèbre : la Pyramide Duhamel, la Dalle Castelneau, le Dos d'Ane, le Pas du Chat, le Cheval rouge et le Chapeau du Capucin. Cette réduction et cette retraite qui aurait pu être dérisoire, s'avéra grandiose.

Grandiose par ce qui s'en suivit. Comme décidés de ne pas se quitter de si tôt, acteurs, spectateurs, secouristes, gendarmes, célébrités et gens ordinaires, gens du pays et gens d'ailleurs envahirent comme un seul homme les quelques hôtels, bistrots, cuisines et autres chapelles de cette éphémère capitale de la montagne. Dans cette grande nuit, la Bérarde grouillait, palpitait, s'échauffait, s'interpellait, s'enthousiasmait, évoquait et résumait un siècle de célébrité. La Bérarde vivait comme une bête couchée au pied de ses montagnes. Comme un être mythologique empli des ombres des anciens, elle se souvenait.

C'est alors qu'on entendit, dans un bistrot plein à craquer et bourdonnant comme une rûche, de la bouche d'un ancien maire de la vallée répondant à l'imaginaire provocation de quelques jeunes gens attablés dans le voisinage cette réplique historique : « Vous êtes, Messieurs, de petites gens. Vous n'avez rien compris au Peuple des Montagnes... Ce peuple qui nous entoure aujourd'hui, et qui veille et qui boit avec nous et qui vous considère du haut de ses montagnes ».

Une espèce à protéger ?

« L'enfer est, dit-on, pavé de bonnes intentions ». Après la vague des protecteurs des sites, des petits oiseaux, des fleurs alpestres, des eaux et des roches, en somme de la pureté sauvage. Après la vague des puristes donneurs de leçons, partisans de la marche à pied, du coucher à la dure, de l'éclairage à la bougie et du ravitaillement par les corbeaux et qui prétendent imposer leurs vues à l'univers entier — un univers de « béotiens et de mathieux » — voici venir les « humanistes ». « Dans ce massif, nous disent-ils, l'espèce la plus menacée c'est le montagnard. Il faut le protéger ». Notre société n'a-t-elle rien d'autre à inventer que ces formules péremptoires et dérisoires ?

Et les gens qui sont là, qui vivent là, les intéressés finalement, n'ont d'autre solution que de répondre par un silence gêné ou par une sainte colère. L'expression de cette colère, je la trouvai dans la bouche d'un bûcheron des Cévennes : « Tu vois ce qu'ils écrivent sur nous... Ils nous prennent pour les derniers des Mohicans. Ils nous mettent dans la réserve, comme les animaux. Ils veulent faire comme les Américains ont fait avec les peaux rouges. Ils les ont enfermés dans des réserves, ils les ont abrutis avec le folklore, avec les conserves et avec l'alcool et ils les ont fait crever en douceur. Nous, ils risquent de nous faire crever avec leurs gîtes ruraux et avec leurs subventions. »

Propos durs à entendre certes. Surtout pour ceux qui se penchent « avec sollicitude » sur les gens des hautes vallées. J'ai lu dans un ouvrage sur les Cévennes cette réflexion : « Les agriculteurs intégrés à la protection de la nature par contrat (ce n'est déjà pas si mal !) ne seront pas seulement les jardiniers du paysage ; ils seront aussi, dans l'esprit des responsables du Parc, les témoins vivants d'une civilisation paysanne ancienne. A leur rôle actif et volontaire d'agents et de bénéficiaires de l'exploitation touristique, s'ajoutera donc un rôle passif et involontaire de spécimens proposés à la curiosité des foules. » (Guy Daudé).

Actuellement, dans notre pays d'Oisans prévaut la gêne, la perplexité, le malaise. Peut-être, qu'effectivement nous n'avons rien compris. Peut-être que l'homme d'aujourd'hui ne peut échapper aux « conditionnements » et aux « aliénations » de la société moderne comme disent dans leur jargon, les gens de la caste des intellectuels et intellectocrates (« L'intelligentzia » qu'ils disent en javanais et en riant). Ainsi donc, le paysan de l'Oisans devrait être le « jardinier de la montagne » et ses montagnes (une montagne c'est un pâturage à vaches, à brebis), « tombées dans le domaine public ». Finalement tout ce pays serait « banalisé » comme on dit si souvent, c'est-à-dire un bâtard, c'est-à-dire l'œuvre (ou le fils) de tous et de personne.

De l'autre côté des Rouies ou de l'Olan, en Valgaudemar, il y a des jeunes qui mènent grand bruit et on les prend pour des anarchistes, des boute-feu. Ils vitupèrent le Parc des Ecrins disant qu'il « développe un tourisme de voyeurs », qu'il « a amené les gens à se déresponsabiliser » qu'il a « fonctionnarisé » des artisans, qu'il « maintient les populations locales à l'état de survie en favorisant l'assistanat ». Cris salutaires. Et les bons apôtres se consolent en disant avec des pensées machiavéliques que le Parc, et c'est peut-être sa réussite, est parvenu à devenir le « bouc émissaire » des minorités agissantes. Cela laisserait penser qu'il est le catalyseur voire l'auteur des saines révoltes et des « prises de conscience ».

De notre côté, nous sommes bien sages. Peut-être, comme le montrent les photos de ce livre parce que le pays a beaucoup vieilli. Qu'il s'est mis à genoux devant le veau d'or de ces temps. Le Dieu tourisme. Il est usé.

J'ai souvent entendu dire « Nous devons vendre l'Oisans ». Au sens figuré bien sûr. Dans ce sens où nous devons tirer profit de notre air, de nos paysages (le pays ayant disparu derrière ses paysages), de nos eaux, de nos forêts, de nos rochers, de nos traditions, de notre culture.

Les enfants d'agriculteurs sont partis aux écoles et ne sont pas revenus. Ceux qu'on n'a pas pu « pousser » sont rentrés à E.D.F., aux ponts et chaussées, aux P.T.T. (il n'y a presque plus de facteurs), au Parc ou employés communaux... comme tous les produits de l'exode rural. Et nous y sommes tous mêlés. Les autres travaillent « à la station ». Et certains deviennent l'été « paysans chômeurs » ou plus exactement « chômeurs paysans ». Comme disait un certain Jésus « Que celui qui est sans péché leur lance la première pierre. »

Le voilà donc ce peuple des montagnes d'Oisans qui est bien humilié. J'ai vu dépérir, à la maison de retraite de Bourg d'Oisans, des anciens qui étaient des forces de la nature, ou de joyeux drilles. Je les ai vu errer dans les rues du chef-lieu, cherchant un peu de solei,l sans un morceau de bois à scier ou à fendre, sans le feu à allumer, sans la chèvre ou les lapins à soigner, sans les légumes du jardin à ramasser, sans les petits enfants à garder et à distraire, sans les copains avec qui boire un canon : ils n'ont pas duré longtemps parce qu'ils étaient désœuvrés. Inutiles.

Leurs enfants devaient transhumer, du village à la station. La maison ancestrale était parfois devenue une charge et il fallait la vendre aux « résidents secondaires ». Alors que faire : les mettre « en pension », comme les bêtes qu'on n'a plus le temps de soigner l'hiver, les mettre au chaud, au propre, bien nourris, bien assistés par un personnel qualifié... et ils en sont morts. D'ennui.

Aux protecteurs des montagnards, il faudrait dire comme Chabrol « ici nous crevons de l'âme ».

Ces lumières qui veillent

C'est une belle journée d'avril. Le salon d'aménagement de la montagne de Grenoble bat son plein. Grenoble capitale des Alpes. Le manteau de la neige descend encore à fleur des collines. Sous le soleil printanier quelques toits de tôle brillent dans les villages de Belledonne.

Las d'errer parmi le brouhaha des aménageurs (et déménageurs), des publicitaires, des moniteurs bariolés, et des experts scientifiques du tourisme à cravates, le regard vide et pleins d'affaires, au milieu des engins, des chalets préfabriqués, des stands et des attrape-nigauds... las de subir les déclarations péremptoires des colloques avec leurs formules inusables et leur sérieux incommensurable. A croire que toute la montagne est là et qu'elle n'est que là. J'ai envie de prendre l'air.

Et ma pensée se porte bien loin vers de petites et pâles étoiles qui brillent sur le fond sombre des montagnes de l'Oisans. Les lampes accrochées au poteau de la place, au-dessus du « bachal » où coule et bruit une eau noire. Et je vois sous les volets ou derrière les carreaux d'une cuisine quelques lumières qui veillent. Dans le désert, qui s'animera (?) du vendredi soir au dimanche soir.

Et sous ces lumières qui veillent tous les jours m'apparaissent des visages familiers. Les visages des anciens, trop vieux pour partir, ou trop attachés à leur terre, à leur maison, à leurs bêtes. Petit Pierre et Victor, la famille des Hugues : le père, la mère et le garçon qui « terminent de soigner ». La femme de Truffaute et ses enfants qui font leurs devoirs d'école sur la table de cuisine en attendant Bastien qui court encore les routes pour livrer le lait. René Passoud qui fait ses comptes pendant que sa femme essuie la vaisselle, range les plats et prépare les couverts pour le lendemain. Pierrot et Marc qui « trafiquent » encore parmi leurs brebis pendant que la soupe les attend sur la cuisinière. Les Vincent qui attaquent la veillée. Le Père qui prend le journal et la mère qui reporte sur le registre une cotisation pour la mutuelle.

Dernier colloque pour faire bonne mesure. Avec des spécialistes de l'escalade, des gens célèbres, diserts, et quelques paumés venus prendre l'air du temps. Grave problème : faut-il organiser des compétitions d'escalade ? faut-il créer des murs d'escalade ? faut-il créer des sections sports-études-escalade ?... Faut-il faire de l'escalope avec une salade ?... Je ne peux m'empêcher de faire remarquer que ces questions me paraissent bien oiseuses et ces propos bien futiles auprès de ce qui se passera lorsque, en semaine, les lampes des maisons de tel village d'Oisans qui brillent encore aujourd'hui cesseront de s'allumer le soir ? Lorsque les vieux foins des granges prendront le goût du rance, de la poussière et la couleur de la paille ? Lorsque toutes les lumières se concentreront vers les « stations » tentaculaires. Comme appelées par un magicien qui ricane.

Mes propos sont entendus comme si je venais d'un autre monde. Le silence gêné m'apprend que mes paroles tombent à côté de la plaque. Et de peur d'aggraver mon cas, définitivement, je me tais.

Sortir est une délivrance. Faut-il admettre que la montagne est à Grenoble et que là-haut vivent quelques rescapés d'un autre monde ? Seul, dans la nuit, je secoue la poussière de mes semelles. Amer et résigné, mais entêté, je remonte vers les visages que j'ai vus sous les lampes. Pas tout à fait désespéré à cause de ces petites lumières qui palpitent encore dans la lumière du printemps.

« En une trop parlante synthèse » ?

Je porte à Félix Germain une grande admiration. Non pas en ce qu'il fut un « grand montagnard » comme on dit, et un homme cultivé, mais en ce qu'il possède un cœur généreux. Toutefois, je lui ferai un amical reproche. Parlant de Mizoën, village où j'exerçai la noble et redoutable fonction de maître d'école, il écrivait : « Le barrage une fois achevé, le village comme autrefois Athènes dans les combats de la guerre du Peloponnèse "a perdu son printemps" ». Les jeunes gens s'en sont allés avec les apprentis sorciers, abandonnant à jamais la faux et la charrue, gagner leur mort sur d'autres chantiers... Et c'est pour cela qu'il n'y a pas maintenant, dans toute la haute montagne d'Oisans, de village plus pitoyable que Mizoën. »

Non. Mizoën n'a pas tout perdu dans l'aventure du barrage. Il y a même gagné un homme merveilleux qui fut son maire durant de nombreuses années. Un de ces hommes que dans le pays on appelle un « bon vivant ». Un bon vivant d'abord parce qu'il fut jusqu'à sa mort — qu'il trouva à cause de l'électricité qu'il avait toujours apprivoisée et en rendant service au voisinage — le boute en train de Clavans jusqu'au Freney. Je dirais l'animateur si ce mot n'avait pas été trop galvaudé y compris par les professionnels de la chose. Il fut un bon vivant parce qu'il fonda avec sa Berthe, sainte femme et mère courage, une nombreuse famille. Et ses enfants et petits-enfants tiennent encore au pays de Mizoën de toutes leurs racines. Il fut un bon vivant, à l'imagination fertile, parce qu'il sut gérer sa commune en bon père de famille et en homme inventif. Nous créâmes avec lui le Foyer culturel du Haut-Oisans avec un cinéma qui ne devint jamais un ciné-club orthodoxe, les discussions se déroulant le lendemain au café, à l'heure de l'apéritif. Un cinéma qui « tournait » aussi bien à Besse, à Clavans, à Mont de Lans ou au Freney et qui faisait rencontrer les jeunes et les anciens dans les écoles du village. Nous organisâmes avec lui les sorties de ski pour les enfants des écoles. En ouvrant une route sur l'Alp et sur Rif Tort, il voyait les prés mieux fauchés, les ardoisières remises en exploitation, les « montagniers » de Rif Tort mieux logés, mieux approvisionnés et son beau Rif Tort, couvert de fleurs, mieux connu et plus apprécié. Nous faillîmes même réussir la construction d'une étable communautaire où l'élevage facilité devait connaître un regain d'activité.

Ce « rouge », issu de la Creuse, n'avait pas de meilleur ami que son collègue, maire de Clavans, le Père Pellorce, homme digne, paysan cultivé, mais du parti des « noirs ». Le maire de Mizoën fournissait au curé une église entretenue bien que peu fréquentée, et à l'évêque en tournée des réceptions princières. La maison du Père Jouanny était en quelque sorte la maison du Bon Dieu, accueillante au passant, accueillante aux voisins.

Les enfants dans l'école de ce petit village étaient dans les années 60, au nombre de 25. Des enfants plus heureux de courir dans les rues comme les hirondelles que d'apprendre leurs leçons. Mais c'est une autre histoire. Le Père Jouanny leur portait une attentive sollicitude. Mieux il participait aux leçons de choses des futurs citoyens de la commune : plantation d'arbres et creusement de banquettes paravalanches, étude de l'architecture des maisons, des animaux capturés par les braconniers du village : le blaireau, la circaëte étaient l'attraction des petits et des grands. Pour la célébration du Mardi-Gras (fartailles et brandons), le maire était de la fête. Mais le maître d'école devait participer à la corvée des chemins, « la barloque » ; c'était la règle.

Lorsque je conte l'anecdote qui va suivre, les gens sourient. Et pourtant. Après s'être activé la journée durant, et parfois, un peu taquiné la chopine conformément aux habitudes conviviales du pays, il arrivait au Père Jouanny de venir veiller à la maison. Les idées fusaient, les projets aussi. Un soir, il me confie :

« Il y aurait une chose à faire pour notre Rif Tort... Un ascenseur.

— ... ?

— « Oui, on pourrait utiliser les filons du Grand Clôt, qui ont été dépilés sur une grande hauteur et creuser jusqu'au plateau (d'En Paris). Avec les techniques de maintenant c'est assez facile. Et tout passerait dans les rochers. Proprement.

Là-haut, on encastrerait dans le rocher des restaurants, des hôtels, des piscines, face à la Meije. On pourrait arriver aussi en avion.

On pourrait aménager des patinoires et des remonte-pentes qui ne masquent pas le site, pas de ces tas de ferrailles. On utiliserait le Riou (le ruisseau) pour l'énergie, et la géothermie pour le chauffage. Les grossium, les artistes, ça leur plairait... »

L'idée, futuriste de notre maire était sans doute prématurée.

Depuis 1929, un projet de centre de sports d'hiver, là-haut, dort dans les cartons, éclipsé par ceux des Deux-Alpes et de l'Alpe d'Huez, stations bruyantes, pléthoriques et peut-être un jour périmées.

S'il avait rencontré l'architecte de l'Aga Khan qui rêva d'une lamasserie d'altitude ou quelque richissime industriel du club de Rome, peut-être aurait-il trouvé oreille attentive.

Tirer des plans sur la comète avec les pionniers de nos stations était son plaisir. On transformait le monde en reconvertissant les motoculteurs en monstres polyvalents de déneigement. La trouvaille du Père Mourra de l'Alpe d'Huez qui tire sa fierté d'avoir inventé le principe de la perche débrayable des téleskis l'enthousiasmait.

Bricoleur de génie et philosophe autodidacte il le fut dans les interminables discussions avec le Père Baty, éternel voyageur et sage local. Esotérique parfois, mêlant la sagesse à l'humour, la tolérance à l'insolite. Et qui oserait dire encore que les idées ne germent pas sur ces hautes terres d'Oisans ?

Ci-contre : Provision de chauffage (les bleites...).

A gauche : Besognes ménagères : Pierre Paquet de St-Christophe ; Champhorent : Maria Roderon et ses chèvres.

Ingénieux agencement de Bastien. (Le monte-charge sert à évacuer le fumier).
Ci-dessous : Futur paysan de Besse.

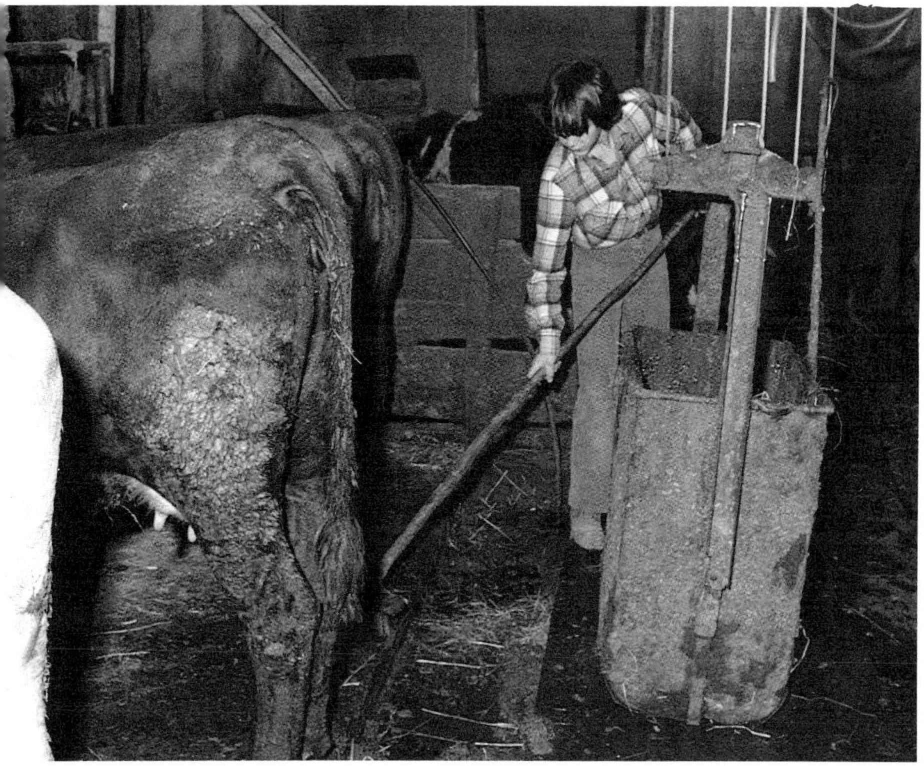

A droit
Clavans le Ha
Pages suivante
Troupeau de transhumant

Pages précédentes :
« Conserver ».

Ci-dessus : Dispositifs utilitaires ou magiques ?

éométrie
:ilitaire.

ages suivantes :
- Bassin-lavoir à
a Bérarde.
- Charpente.
- Faucheur à
esse.
- Retour des
hamps.

Ci-dessous :
Oisans Usinier (Livet et Gavet).

gauche :
Chemin
Gaspard
a Meije.

L'album de famille de Nicolas, émigré russe.

Pages précédentes : La Bérarde.

Rémy, de La Bérarde.

Allumer le feu tous les matins.

Page de droite : « Fare a minja

Pages précédentes : Villar d'Arène au pied d
la Meije, et Petit Pierre chez lui.

MARIGNEY
Hte SAONE

ictor et Petit Pierre (Clavans en haut Oisans).

Pages suivantes :
— Le sourire de Victor.
— Décharger le toit.
— Préparer le foin pour les bêtes.

Appartenance

Il y a dans un pays les « nés natifs » depuis des générations et des générations, ceux qu'on dit « autochtones », et puis les importés, les greffés, les implantés, charriés par les courants des migrations et des exodes. Je me rattache à ces implantés, comme Gaspard, comme les Genevois, et sans doute comme les Turc... comme Jouanny. Qui peut dire qu'à un moment ou à un autre, un ancêtre plus ou moins lointain n'est pas venu faire souche dans cet Oisans, chassé d'ailleurs et réfugié ici, errant, attiré par un travail, par un négoce ou par une fille, par un lien quelconque de cousinage ou de relation. Ce peuple des montagnes est un peuple de mélangés, parce que ces vallées furent traversées de tous temps, à pied, à cheval et en voiture. Ce qui est commun à tous ces gens c'est le sentiment d'appartenance (ils se réclament de ce pays) et non le sentiment de conquête. L'idée de race tient plus d'une théorie que d'une réalité. La richesse d'un peuple serait due plutôt aux métissages et le particularisme local serait la conséquence des résistances.

Comme dans « Le Médecin de Campagne » de Balzac, on voyait dans nos pays de montagne, des familles augmentées de l'élevage des petits orphelins de « l'Assistance » comme on disait. Ces enfants trouvés dans les villes, nés de père inconnu, abandonnés par une pauvre fille, procuraient aux familles rurales une ressource complémentaire et surtout l'argent frais si rare dans la civilisation autarcique des anciens temps.

Les femmes allaient s'en procurer aux hospices de Grenoble et toute cette marmaille, mélangée aux enfants légitimes, s'élevait au grand air, de soupe et de pain noir et apportait des bras et des jambes pour garder les bêtes et accomplir les multiples menus travaux de la campagne.

En 1921, André Allix en comptait 529 dans tout l'Oisans. Besse en recueillait 34, Mont de Lans 33. A Allemont ils égalaient presque le nombre des enfants du pays, à Oz et à Vaujany ils le dépassaient. Dans les années 65, quelques uns vivaient, en commensaux, à la Paute.

Certains furent définitivement adoptés par les familles, se marièrent au pays, renouvelant l'apport d'un sang nouveau et continuant le processus des métissages. Des noms aux consonnances inhabituelles en témoignent.

L'histoire de cette contrée, on la fait commencer généralement à la tribu des Ucènes. Mais les Ucènes n'étaient-ils pas déjà une peuplade métissée, un mélange de provenances diverses ?

Lorsque les constructeurs d'églises, d'écoles, de routes du XIXe siècle mirent à jour des sépultures, des parures, des outils et des squelettes on vit une nuée d'archéologues, d'historiens, d'ethnologues et d'anthropologues épiloguer sur les lointaines origines et sur les sédiments des générations.

Ce qui est à peu près sûr c'est que les ancêtres ont remonté ces vallées en suivant la fonte des grands glaciers (de 24 000 à 8 000 ans avant notre ère ?) On situe les restes des plus anciens habitants entre l'âge du bronze et l'âge du fer, en un temps relativement récent. S'ils eurent des prédécesseurs, leurs vestiges et leurs os furent assurément balayés par les glaciations qui ont façonné, déblayé, remblayé l'Oisans tel que nous le connaissons aujourd'hui.

Plutôt que de m'amuser à extrapoler sur l'histoire ancienne, je me contenterai de signaler quelques découvertes connues, servant de jalons.

En 1839, la pioche d'un terrassier découvre à Venosc des dalles de lauzes assemblées en prisme triangulaire, de grands corps et des bracelets que les archéologues datent de 700 à 100 avant notre ère, c'est-à-dire à l'arrivée des Gaulois dans nos contrées.

Découverte de bracelets de bronze et de colliers d'ambre à la Grave qui auraient appartenu à des Ligures de l'âge du bronze.

En 1860, un certain Odoux signale dans « le courrier de l'Isère » la trouvaille, au bord de l'ancien chemin du Freney au Mont-de-Lans, d'un ancêtre, conservé sous un tas de pierres, « paré » de plus de 60 bracelets de bras et de jambes.

En 1868, un certain Guinard recueille à la Pallud d'Ornon une cinquantaine de bracelets de bronze ciselé et un collier d'ambre importé dieu sait d'où.

En 1927, non loin de la porte dite Romaine, de Bons, un prospecteur chanceux découvre un culot de fonderie et quelques fragments de céramique que les spécialistes attribuent à la technique du bronze.

En 1962, un chasseur, M. Mestrallet, grâce au concours d'une marmotte archéologue, recueille dans les escarpements de Casse Rousse, entre Villard d'Arène et le Lautaret un dépôt faramineux de 70 pièces de bronze : hâches, coûteaux, pointes de lances, épées, faucilles, parures, qui, aux dires des archéologues dateraient de 1 200 à 1 700 avant notre ère. Etait-ce un trésor caché ?... la charge d'un colporteur de passage ? Mystère.

A Mizoën, j'avais remarqué, au dernier virage des Côtes, des ossements renfermés dans des cercueils de lauzes. En 1970, un bulldozer mit à jour ces gisants accompagnés d'un « tupin de terre » dit-on. Il n'a pas été possible de faire examiner ces trouvailles parce que les promoteurs de ce travail se moquaient bien de savoir. Si le Père Jouanny avait été de ce monde, nous aurions su de quoi il retournait.

Combien de précieux vestiges ont été ainsi négligés et ignorés. Certes leur découverte n'apportait rien à gagner aux gens de maintenant (qui ne sont pas des mangeurs de morts) mais tout de même, savoir, ça compte. Non ?

Paul-Louis Rousset s'est intéressé, à travers ces découvertes, aux passages qui amenèrent certainement des nouveaux venus : chemin des Ligures du Col d'Ornon et de Venosc aux Deux-Alpes, chemin des Celtes probablement par Livet et Gavet, chemin des Romains dont le parcours ne passe pas nécessairement par les ponts romains et les portes romaines baptisés après coup, et à coup de conjectures.

Au siècle passé, la grande mode fut de disserter sur les Sarrasins. Certains voyaient leurs traces partout et d'autres nulle part. Les Arabes n'étaient pas que des barbares, on oublie souvent qu'ils enrichirent considérablement notre civilisation et pourquoi pas celle d'Oisans.

Le peuple d'Oisans a été fortement marqué par les guerres. Les passages des troupes des monarques de la Renaissance, de Louis XIV et de Louis XV laissèrent de bien mauvais souvenirs aux paysans de Bourg d'Oisans, du Freney, de Mizoën, de la Grave et Villard d'Arène... Et sans aucun doute des bâtards.

L'influence de la réforme de Calvin a fortement marqué le Haut-Oisans. A tel point que le Cardinal Le Camus constatait que Mizoën ne possèdait pas un seul catholique, hors le curé et son sacristain.

J'ai constaté dans les archives de cette communauté que les liens d'amitié et d'entr'aide avec les Vaudois du Briançonnais et des hautes vallées piémontaises étaient intenses... et les échanges culturels, sans aucun doute. J'ai observé que la vie communautaire était à cette époque rigoureusement démocratique, les familles relativement aisées grâce à leurs marchands qui commerçaient ailleurs. Ils avaient créé un système d'entr'aide (par promesses et obligations) pour lancer dans l'activité commerçante les jeunes tentés par l'esprit d'entreprise. Sous les belles écritures, j'ai découvert des caractères. Et j'ai pu apprécier les effets bénéfiques, pour résister aux intimidations des pouvoirs et des prétentions du voisinage, d'une instruction à laquelle ils attachaient un grand prix. La vie de cette communauté est toute une histoire qu'il faudra bien raconter un jour.

La révocation de l'édit de tolérance sème le désarroi dans ces familles de montagnards qui ne comprennent pas qu'on veuille arracher leurs convictions les plus intimes. Elles ne comprennent pas qu'une royauté dont elles ont souffert les réquisitions (jusqu'au dernier mulet et à l'avant-dernier sac de grain) lors du passage des gens de guerre, dont elles en ont subi le grignotage d'une autonomie communautaire, s'acharne encore sur leurs consciences. On soustrait aux prêtres le « trésor des pauvres ». On confesse du bout des lèvres, on invoque mille prétextes pour se dispenser du culte officiel, on laisse dépérir ou disperser le patrimoine pour passer la frontière de Savoie au col des Prés Nouveaux en plein hiver avec quelques hardes et la bible afin de refaire sa vie dans des pays plus tolérants : la Suisse, l'Allemagne. Cette résistance non violente est de conséquence : le Haut-Oisans devient un pays de misère et d'abandon. Tel est le résultat du glorieux règne du roi soleil.

Finalement, le protestantisme de Mizoën se survivra tant bien que mal et fera place, progressivement à une mentalité sceptique et non conformiste. Les différentes révolutions de 1789, de 1830, de 1848, de 1870 seront accueillies avec l'enthousiasme de commande, mais la modération du quant à soi. A chaque fois on en profitera pour réviser les règlements de pâturages, les coutumes agricoles, comme si ces montagnes s'estimaient bien loin des agitations du siècle...

Peut-être, la tradition réformée, se retrouve-t-elle dans le non conformisme politique de Mizoën qui est aujourd'hui encore rouge à l'exemple de son ancien maire Jouanny.

Trois catégories de célébrités illustrent aujourd'hui le pays d'Oisans : ses hommes de savoir, ses hommes de commerce (les fameux colporteurs) et ses hommes de braconnage (Giraud-Lézin, Pé Blanc, le Père Bourre pour ne citer que ceux les plus connus). Les grands élans de foi, de révolution, de patriotisme y furent toujours modérés. Les « libres penseurs » des Sables du début du siècle sont à cet égard exemplaires. Une certaine réticence aux changements, aux idéologies, une certaine conservation du statu-quo, un réalisme au niveau des choses de chaque jour y sont peut-être une forme de résistance. L'aptitude à s'adapter et à plier l'échine sous les orages, de « laisser couler la rivière » comme disait le notaire Roux de Mizoën en 1686, n'est pas sans inconvénients dans un siècle de compétition et de reconversions. Ces gens sont plutôt des petits hommes opiniâtres que les héroïques montagnards « à l'image de leurs montagnes » auxquels les amateurs d'images d'Epinal voudraient, de loin, pour la jouissance de leur cervelle, les assimiler.

Communautés

Un peuple est fait de personnes (et de personnages) et de communautés. L'Oisans est une communauté faite d'autres communautés : les communes (anciennement nommées communautés) les villages ou hameaux, les familles. La vie communautaire engendre les querelles de clans, les particularismes et l'esprit de clocher. Pour sauvegarder le patrimoine on s'affronte entre voisins pour se garder tel que l'on est, (ce que le jargon d'aujourd'hui nomme « l'identité »). On se défend de l'étranger : celui-ci gîte aux confins de la propriété, de la commune ou du petit pays. Les anciens ont connu les empoignades entre jeunes gens des villages voisins : pour un regard trop appuyé sur une fille, pour un mot de travers, pour une prétendue entorse aux usages. Ces rivalités orageuses étaient le signe de santé communautaire et la rançon des solidarités.

L'Oisans donc est le rassemblement des Livetons et Gavetons, des Allemontais et Ornonais, des Villardins et des Huezats, des Bourcats et des Critollets, des Lentillons et des Vénoquains, des Mizoennais et des Frénichons, des Bessats et des Clavauchons, des Gravarots et des Faranchins, des Vaujaniens, des Gardillons onllachons et Auriachons. Le rassemblement et la confrontation.

D'après Allix, la répartition des terroirs entre les diverses communautés de l'Oisans, telle que nous la connaissons aujourd'hui et telle qu'elle est en voie de dissolution daterait de l'an mille. Qu'est-ce qu'il en sait le bougre ? Néanmoins faisons-lui confiance jusqu'à plus ample informé... Des livres terriers de l'ancien régime mentionnaient, en place des sections cadastrales, les manses, borderies, chabanneries, instruments de l'installation sur le sol, éléments de la réunion communautaire. Les historiens ont beaucoup parlé des guerres d'alpages. Le différend issu des revendications sur la montagne de Rif Tort par les communes de Mizoën (en principe propriétaire depuis 1555), la Grave et Besse date du Moyen-âge et n'est pas encore règlé. L'appellation d'indivis témoigne d'une transaction boîteuse et toujours provisoire.

Néanmoins les anciens textes, maintes fois cités, reconnaissances et révisions de feux, expriment un sentiment d'unité. A mon tour, et encore une fois, je recopierai dans Cortes et Allix. Cette mise au point de 1700 dit bien ce qu'elle veut dire : « Le mandement (d'Oisans) ne forme qu'une seule communauté... composée de 21 communautés particulières qui ne font qu'un corps indivisible pour toutes sortes de charges et impositions... L'union de ces 21 communautés particulières est si ancienne que l'on ne sait pas qu'elles ayent jamais été séparées » (Révision des feux de 1700).

Et la réplique de 1680 au chatelain de l'époque, Hugues Jeune, ne laisse aucun doute sur le sentiment de l'autonomie locale : « Le dit mandement estant composé de 21 communautés, elles ont toutes le droit et la faculté de s'assembler, faire leurs péréquations (c'est-à-dire se répartir les impôts) et délibérer généralement de toutes les affaires qui concernent les communautés, par devant leur champier ou mistral, escrivant le notaire ou secrétaire qu'ils choisissent, sans l'assistance et la participation du chatelain dudit mandement... Elles ont aussi la faculté, à la sortie de l'hiver de choisir et de se servir de toute personne que bon leur semble pour visiter leurs chemins, ordonner les réparations nécessaires et d'en donner les baux sans la participation de leur dit chatelain » (Procès contre Hugues Jeune).

On a beaucoup glosé sur « les escartons » du Briançonnais, sorte de république montagnarde avant la lettre. Quelle différence avec l'Oisans ? Le despotisme des rois et des seigneurs sous l'ancien régime, ne fait-il pas partie des idées reçues et des formules simplistes ? Les inventeurs de l'idée de décentralisation, pendant qu'une partie de ce pays, au nom de l'intérêt général est colonisée de l'intérieur sous l'impulsion de quelques purs protecteurs de la montagne, ont l'impression d'avoir trouvé l'œuf de Christophe Colomb. Oublierons-nous ce propos de l'écriture « rien de nouveau sous le soleil » ? Confondrions-nous les idées simples avec les idées claires ?

Certes, elles se meurent ces communautés d'Oisans, ou comme on dit maintenant se restructurent. Oh ! l'hypocrite euphémisme ! Elles subissent sans doute plus qu'ailleurs l'apparition de nouveaux besoins, l'exigence de nouveaux services et de nouvelles assistances, les lois, comme on dit, de l'économie, de la démographie, de la sociologie, ou comme disent les anciens « l'effet du modernisme ». Elles ont peut-être souffert aussi de leurs propres usages. Pour éviter de disperser le patrimoine on se mariait entre familles du même village, regroupant d'un côté ce qui se séparait de l'autre. On appelle cela l'endogamie, comme le médecin appelle le mal de tête céphalée ou céphalalgie. C'est pourquoi les noms de famille des villages (qu'on appelle les patronymes) sont restés si longtemps limités en nombre et stables. Il fallait alors recourir aux sobriquets (Bati Tonton, Bati Gouri, Truffaute), aux rattachements géographiques (Pierre du Puy, Claude des Granges, Guste de l'Eyrette), aux prénoms à tiroirs (André de la Louise, Roger de la Sidonie...). Avec le déclin de ces distinctions, les querelles qui stimulaient et soudaient l'esprit de famille jadis, deviennent aujourd'hui poison mortel, comme un bobo sur un corps malade.

Des maisons et des femmes

Qu'aurait été Henri Jouanny sans sa Berthe, qu'aurait été Henri Turc sans son Adèle et Pierre Paquet sans sa Noémie ? Femmes de nos montagnes, indispensables à l'entreprise des hommes pour s'accrocher et vivre ici. Lorsqu'une maison perd la femme, perd la mère, c'est son âme qui s'en va. Quand les femmes craquent tout s'effondre. Comme les cheminées des maisons à l'abandon elles sont les dernières à résister aux injures du temps. Et ce n'est pas un hasard si l'image des femmes est associée au foyer, et leur silhouette vêtue de noir à l'âtre et au feu.

Une vieille légende du canton de la Grave dit que c'étaient les femmes qui donnaient le feu aux « petites gens » confinés dans les grottes de la forêt, dépourvus de tout, craignant l'homme.

Femmes de l'Oisans qui tenez encore les maisons et les villages, heureusement que vous êtes là. Jusques à quand ? Je pense à « la Raymonde » qui tient Villard-Raymond en ouvrant son auberge au cœur du village dès qu'arrivent les beaux jours et jusqu'à la neige. Je pense à la Léonie des Etages qui tint l'hôtel du Vallon, centre de ralliement de la famille des Turc-Bourbon. Je pense à la Marie de Besse et à celle qui lui succède, l'Irène, qui porte toujours le « pot » sur la table des rencontres et vend, au mépris des règles de la rentabilité commerciale les produits d'épicerie indispensables au village. Je pense à la Thérèse du Maurice, et à la Maria du Biel qui à Mizoën tiennent les cafés, ces « maisons pour tous » de nos villages. Je pense à la Marie-Thérèse et à sa sœur Maria qui tiennent la mairie de St-Christophe et une porte ouverte au passant égaré ici dans la solitude de l'hiver, à la Marie de la Cordée, à la Lydie des Ecrins, à la Louise des Alpinistes, à la Sidonie qui bousculait les oisifs et discursifs buveurs de canons, incrustés dans sa cuisine du café du Vénéon. Je pense à la Maria des Granges, femme forte et biblique qui tout naturellement a repris le troupeau laissé par son Jean-Marie.

L'héroïsme quotidien, elles ne connaissent pas, mais le culte de la maison, elles savent ce que c'est. Il faudrait leur tresser une couronne de rosages parce qu'elles assurent, lien aléatoire entre les générations, la permanence dans l'attente d'un renouveau.

Sans l'actif concours de Marie-Odile de la Bérarde et de Marie-Claude de St-Christophe, de Marie-Christine de Préclot et de leurs plus jeunes camarades, sans leur discrète, souriante et efficace activité, le centenaire de Gaspard de la Meije, qui était le pari démesuré d'un petit pays décidé à montrer qu'il existait encore, aurait été une manifestation officielle certes, bruyante sans doute, mais il lui aurait manqué l'âme.

Odette et les jeunes femmes de St-Christophe réactivent chaque année la fête du pays. Cette fête témoigne, au-delà des réjouissances, de la volonté de prouver qu'on est encore vivants et qu'on ne veut pas s'abandonner.

Madeleine et Yvonne de Mizoën continuent de se souvenir qu'elles ont passé les plus beaux jours de leur jeunesse à la montagne de Rif Tort... Et elles perpétuent la tradition des « montagniers », comme elles conservent pieusement la mémoire de la vie paysanne et du Père Tite leur ancêtre.

De tous temps, en ce pays, pendant que les hommes vaquaient aux travaux des champs et aux « affaires », les femmes, accompagnées des enfants « tenaient montagne ». Du Col du Cluy à Rif-Tort et de l'Alpette à Malpourchier.

On a beaucoup parlé des marchands forains, porte-balle de l'Oisans et de leurs voyages à travers les régions françaises et jusqu'au bout du monde. On a quelque peu laissé dans l'ombre leurs mères et leurs épouses qui tenaient la maison, les enfants, les bêtes et la permanence de la vie dans ces montagnes. Le colporteur, éloigné du pays, n'oubliait pas :

« Adorée, écrivait Claude Chouvin de la Garde, tu es un ange. Combien tes charmantes lettres me le disent, ce dévouement, ce cœur si généreux... »

Et Joseph Ranque de la Grave : « Oui, ma chère épouse, croyez bien que c'est bien coûteux et malheureux pour moi d'être éloigné de vous pendant une partie de l'année. Les jours qui s'écoulent du moment que je suis près de vous sont bien plus courts et agréables qu'une infinité d'autres pendant mon absence. » Nostalgie.

Et la réponse de l'épouse assure le lien avec le pays, les enfants, les amis, les bêtes, le temps...

A ses vœux du premier janvier 1826, l'épouse de Paul Coing des Aymes de Mizoën ajoute les nouvelles au quotidien :

« je vous dirai que la brebis a pris le mouton et je vous dirai que nous avons fait tirer du sang à la mule, je vous dirai que M. Turc vous remercie des bons sentiments que vous avez de lui... Je vous dirai que nous n'avons pas beaucoup de neige, mais il fait bien frais... »

Ou encore : « Quant au fourrage il commence à bien manquer mais malgré cela je crois que nous en aurons assez pour nous tirer d'affaire, la mule est en bon état, nos enfants vont à l'école, la poulline est petite mais bien réveillée. Je vous dirai que le puy est maçonné à un pied sorti de terre ». Telle est la continuité de la vie de tous les jours.

Mais la femme assure aussi la direction des affaires de la maison : « Nous vous dirons que Jean Béchier notre domestique fait le diable et quatre... » Et elle sait faire partager, pour remonter le moral, l'émerveillement et la joie : « votre brebis commence à se préparer à poser l'agniaux et nous en avons un très joli, jamais on a vu le pareil. »

Femme recours, femme collaboratrice et remplaçante, femme maîtresse de la maison dans le sens le plus large. Combien de fois, dans mon enfance n'ai-je pas entendu les hommes craindre « la maîtresse » (la vraie) et évoquer ici en Oisans « le gouvernement ». Certes l'orgueil du mâle se rebelle parfois, surtout en paroles et en vantardise comme l'assure un proverbe gravarot :

« Le ménage va mal quand les poules chantent plus haut que le coq ». Peut-être, en réalité parce que l'on pressent un peu que l'homme règne sur le domaine du paraître et la femme sur celui de l'être... car c'est bien elle qui fait les enfants, avant leur naissance et après. Et les Gravarots corrigent : « La pluie, la faim et la femme sans raison chassent l'homme de sa maison. »

N'en déplaise aux féministes qui revendiquent à grands cris et manifestes l'égalité des sexes (comment la nature pourrait-elle y changer quelque chose puisqu'elle est faite de complémentaires : le plus et le moins, le dehors et le dedans, l'eau et le feu...). Les femmes ont ici un rôle primordial qui est le leur. Et que l'on ne me dise pas que j'ai quelque chose à me faire pardonner !

CHAPITRE 7

Economies

« Qui veut aller loin ménage sa monture. »

Objets animés

L'économie est devenue une science, c'est-à-dire un langage de spécialistes, autrement dit un mystère pour les braves gens. On en a oublié l'art d'économiser que tout le monde devrait connaître. Cette façon de voir ne serait-elle pas liée à la perversion d'une société où faire l'amour ne veut pas forcément dire aimer, dans une société de boit sans soif et de mange sans faim, dans une société où il faut consommer pour produire et produire pour consommer ; un monde de producteurs et de consommateurs.

Les amateurs de pittoresque et d'originalité trouveront sans doute que dans les granges, les remises, les écuries (comme on dit ici) les greniers des vieilles maisons, l'amoncellement des vieux bâts, des vieux colliers, des vieux harnais, des vieilles cordes à barillons et leurs « trouilles », suspendus à un piquet planté dans le mur, recouverts de poussière et de toiles d'araignées ça fait bien. Ça fait authentique. Ils jugeront que les vieilles « oulles » mises au rancart dans un coin, que les vieilles « ramasses » (ces traîneaux agricoles), les araires de bois, les « dailles » et faucilles qui dorment sous les orties après avoir rendu de bons et loyaux services mériteraient d'être récupérées, retapées, astiquées afin d'orner la salle de séjour d'une résidence secondaire. Les arches et archons et les coffins de paille qui ont contenu le blé nécessaire, les semences, les denrées rares sont destinés à renfermer les gadgets de nos loisirs ou à supporter le poste de télévision.

Comme c'est dérisoire. Ces vieilleries nous tiennent un tout autre langage. Elles témoignent du travail et de son caractère sacré, génération après génération. Elles disent que le paysan de ces montagnes fut par essence un conservateur. C'est à dire celui qui met de côté un bout de cuir, de planche ou de fer, une vieille ficelle ou une longueur de fil de fer, quelques clous tordus mais encore bons parce que ces choses pourraient servir un jour et le dispenser d'aller chez le marchand. La philosophie du paysan de la montagne s'exprime par la nécessité de ne rien jeter de ce qui peut avoir de la valeur, de conserver ce qui peut un jour servir, plutôt que dans des discours ronflants et éphémères. La civilisation traditionnelle de l'Oisans est tout le contraire d'une civilisation de la poubelle. C'est une civilisation du souvenir, c'est une civilisation de respect du travail et de toute chose gagnée. Gagnée sur une bonne saison, courte, gagnée à la peine du jarret et du poignet.

Le Père Baty-Gouri de Besse fut jadis colporteur, il termina sa carrière en parcourant les villages d'Oisans avec sa carriole et son âne qui l'attendait patiemment à la porte des « chapelles » ou devant la porte des amis à qui il convenait de dire bonjour. Le Père Baty était le « patier » comme on disait. Il récupérait peaux d'agneaux, de chèvres et de lapins et à l'occasion, toutes les vieilleries qui ne servaient plus mais qui pouvait rendre service à d'autres. Il vendait et achetait peu, il troquait beaucoup et surtout il parcourait la contrée en colportant des nouvelles et des réflexions.

Un beau jour, Henri Jouanny mon compère, me propose, après la classe d'aller installer chez le Baty un radiateur électrique pour chauffer la chambre de ses vieux ans. Il fallait « se brancher » dans la grange à foin. Quelle n'est pas notre surprise d'y découvrir une montagne de vieilles chaussures, du sabot à l'escarpin.

« Qu'est-ce que vous voulez faire de tout ça ? »

« Vous savez bien que l'on n'use pas de la même manière des deux pieds et que souvent, dans une paire de souliers il y en a un de bon, alors il faut « réappairer ». Il y en a qui ont trouvé leur affaire là dedans. »

Economiser c'est prévoir. Le Père Adolphe Rouard de la Danchère entretint depuis son enfance jusqu'à sa mort le chemin du Lauvitel. Lorsqu'il rencontrait une pierre qui pouvait trouver sa place, en remplacement d'un trou, il ne manquait jamais de la mettre de côté pour le jour où il monterait réparer.

Un beau soir, avec Jouanny, nous montons à Clavans, je ne sais pour quelle affaire de mairie et peut-être aussi pour rendre visite au collègue Pellorce... En hiver le soir tombe de bonne heure. Nous pénétrons donc dans la maison.

— Eh là ! Vous n'allumez pas la lumière ?

Dans la pénombre, dans l'embrasure de la fenêtre, le Père Pellorce et petit Pierre lisaient : l'un un livre, l'autre le journal.

— Mais on y voit bien encore. A quoi bon user de la lumière ?

C'est pour cette raison que dans ce pays, lorsqu'il fut question d'installer l'électricité et de « mettre » l'eau courante dans les maisons, on calcula avec soin le nombre de lampes et le nombre de robinets pour les économies futures.

Les mauvais plaisantins diraient volontiers que dans ce pays, on regarde par-dessus les lunettes pour ne pas les user. Et pourquoi pas ?

Ces quelques faits, qu'il serait loisible de multiplier nous disent la raison qui a fait de ces villages paysans un pays propre et bien tenu. L'on y a pratiqué l'écologie — mot qui nous accroche les oreilles — bien avant la mode, bien avant la lettre.

J'en connais encore qui, pour payer ou vendre, éprouvent une répulsion à utiliser le carnet de chèques. Oh certes, pas pour camoufler des revenus !

« Tu vois, me dit l'un, avec le liquide on voit ce qu'on gagne et on sait ce qu'on dépense. Avec les écritures l'argent file sans s'en rendre compte et on peut se tromper. »

Dans ses souvenirs des montagnes d'Oisans, Marius Hostache citait l'exemple de cette mère de famille, « La Lellée » d'Auris qui donnait à son fils une pièce de cinq francs pour aller à la fête du pays :

« Tu me la rapporteras comme je te l'ai donnée disait-elle... et elle te servira une autre fois... »

Exemple extrême mais symbolique.

Chacun sait qu'installer le chauffage dans les chambres est malsain. Jadis on se servait de la chaleur des animaux proches. Avec les progrès de l'hygiène c'est une méthode abandonnée. Il est toutefois une façon éprouvée de conserver la chaleur et le bien-être du corps, c'est d'ajouter une couverture ou un édredon... C'est, selon le temps et l'époque, ajouter ou enlever un tricot, parce que le vêtement a été étudié à l'économie. Faire le bois est-il coutume de dire ici, chauffe quatre fois : lorsqu'on le coupe, lorsqu'on le traîne et le transporte, lorsqu'on le scie et le fend et lorsqu'on le brûle. Autant d'économisé.

Manger son pain

Lorsque l'on met de côté un instrument de travail ou de la vie de tous les jours, destiné à servir en son temps, les anciens ont coutume de dire « ça ne mange pas de pain ». C'est là, plus qu'une façon de parler.

La manière de manger le pain, car il doit bien tenir au corps, demande à être regardée de près et comprise.

Jadis, pour économiser le bois de chauffage, rare en haut Oisans, qu'on a appelé « chauve », les anciens pratiquaient la « cuite » à intervalles espacés. A chaque saison paraît-il. On a même parlé de deux fois l'an. La tradition du « pain noir » de la Grave et du « pain bouilli » de Villar d'Arène remonte à un lointain passé. « La cuite, écrit P.L. Rousset, fait naître dans tout le village une joie profonde qui semble venir du fond des temps. C'est la fête du pain. »

De nombreux spectateurs et passants ont décrit dans leur détail les multiples opérations (35 heures de travail) qui se déroulent selon un cérémonial immuable et avec le caractère émouvant d'un accouchement. Dans les familles on prépare la pâte. Ici les hommes remplissent le rôle souvent réservé aux femmes. Les ingrédients ne sont pas choisis au hasard. Car le pain est fait pour rester frais 30 ou 60 jours et pour se conserver des mois. La farine de seigle est issue des « bourles » qui se dressent dans les champs à l'automne, et moulue aux meules de pierre. L'eau chaude provoque le travail des ferments naturels qui en leur temps, font germer la graine, et dispensent du sel et du levain. La cuisson qui va durer sept heures favorisera des transformations mystérieuses qui vont donner à l'aliment sa saveur de paradis, sa teinte brune et à sa croûte la consistance d'une écorce.

Les utilisateurs du four profiteront de la chaleur de la cuite précédente et un tour de rôle assurera la répartition entre les feuilles de la première chauffe. Souci d'économie et de justice.

Goûté à sa sortie du four, entreposé au « paradis », le pain noir sera partagé par le voisinage qui s'en montre digne, comme à une communion et jouira des honneurs de la « chambre ».

Le pain bouilli

Dimanche 26 novembre. L'hiver fige déjà la montagne. La Meije parée de glace et poudrée de neige jette l'ombre et souffle le froid sur les villages de la Grave et de Villar d'Arène.

Michel et Mayo qui ne manquent pas une occasion de remonter à la maison ancestrale — retour aux sources — nous ont invité à la fête du pain bouilli.

Villar d'Arène semble s'être endormi, et cependant nous ressentons dans les maisons une vie cachée et une sorte d'allégresse intérieure. Quelques touristes rôdent dans les rues, appareil de photo à l'épaule. « Et pourtant on ne fait pas de publicité » dit Mayo. Des premières chutes de neiges, il ne reste que les bourrelets de « décharge » à l'aplomb des toits.

Le cœur du village c'est, en ce moment, le four banal. Quelques anciens, rassemblés sur la place, nous disent :

— De notre temps, le pain bouilli se faisait après la St-Martin (11 novembre). On votait deux ou trois pétrisseurs qui pendant 15 jours ou un mois préparaient le levain et pétrissaient sans arrêt. Pour ce travail ils avaient droit à une tourte par « cuite ». Le fournier, chargé de chauffer le four, enfourner, défourner, recevait en plus une « girade » (sorte de pain en couronne plus élaboré fait de farine de froment et d'orge).

— Je croyais que le fourneyron entrait dans le four pour séparer les tourtes...

— C'était l'aide fourneyron. Vous savez, le seigle de pays n'était pas toujours bien mûr et le grain n'était pas assez fait ; alors la pâte était plus molle et les tourtes avaient tendance à se coller entre elles. Et puis, il ne fallait pas qu'en s'arrachant du pain se perde.

— Mais pour tenir dans la chaleur du four ?

— Ah ! il se protégeait avec des bandes molletières, de vieilles vestes de drap, des passe-montagne. Et de temps en temps il sortait pour respirer un bon coup et se rafraichir à la neige et au froid.

— Il suffoquait, intervient Mayo, je me souviens de Doulan... C'était à la limite du raisonnable... parfois il fallait le tirer par les pieds.

Aujourd'hui chacun pétrit sa farine. Le fournier, Maurice Rousset dit « Mousse », chauffe le four, enfourne, défourne, son aide fait bouillir l'eau du pétrissage, dans la cheminée à côté de la gueule du four.

Nous entrons dans la salle des arches. Penchés sur trois pétrins (les arches), des hommes, nus jusqu'à la ceinture brassent avec ardeur la pâte de seigle. La sueur ruisselle sur les épaules, les dos et jusqu'au creux des reins. « Les femmes, dit Michel, portaient du vin rouge, du café, de l'eau... Le vin, il fallait le supporter, l'eau froide donne mal au reins. Et ça buvait ferme... »

Il y a là Gustou, Jean-Marie Clôt, Michel Mathonnet, le plus ancien Sec, il transpire bien moins que ses collègues.

Jean-Marie, géant barbu et débonnaire, l'œil noir et vif, le verbe truculent, s'est remis à cultiver son seigle et à le faire moudre au moulin de Besse pour fabriquer vraiment du pain du pays.

— Ecolo, alcoolo, je suis Jean-Marie Clôt, dit-il en riant.

— Je dirais plutôt que tu es un traditionnel bon vivant ?

La fabrication du pain n'est pas un mince affaire. 15 jours à l'avance on commence à « serrer » le bois, bûches et broussailles. Il faut pas mal de combustible. La semaine qui précède une équipe nettoie les arches, vérifie four et outillage.

Avec de la farine de seigle arrosée d'eau bouillante on a préparé le levain. Après un brassage énergique avec un bâton, il va « couver » à l'abri d'épaisses couvertures de chanvre, au fond d'une arche. Cette pâte dure sous l'effet de la seille d'eau bouillante qui fait éclater l'amidon, sans autres ingrédients, et du seul fait des enzymes va subir des transmutations étonnantes.

Vient l'heure de pétrir. La farine est versée sur la « boule » de levain. Il faudra trois heures d'efforts pour assouplir, malaxer, brasser, retourner jusqu'à obtenir une pâte ferme, onctueuse, élastique. Trois heures d'intense activité interrompue d'interpellations, de pauses rafraichissement.

Au terme du pétrissage vient le moment de laisser reposer. Au milieu du silence attentif, un chef de famille trace du revers de l'index et du majeur, sans s'interrompre, une double figure qui fait penser à un trèfle à quatre feuilles porte-bonheur, ou mieux à une croix, telle qu'on en retrouve aux linteaux des portes ou aux sculptures des coffres. Le signe remonte sans doute du profond des âges.

C'est la pause. On va laisser lever pendant six heures, dans la chaleur des arches recouvertes de drapets de chanvre. La maturation du pain est une affaire de temps.

Jean-Marie a préparé un bouillon de pied de vache, mijoté au four en compagnie de carottes, navets, choux, poireaux et choux-raves. A la bonne franquette on prend un morceau gélatineux dans la louche communautaire et on le déguste sur une tranche de pain nouveau. Michel Mathonnet offre une lanière de gigot cuit en compagnie des « tourtes », des « ravioles », des « picons », ces merveilles de la cuisine locale rustique et savoureuse.

Dans l'éternel souci d'économie, la chaleur du four est utilisée jusquà complet usage. Ici, rien ne se perd... Tout sert. Et l'on arrose de quelques grands coups de rouge que tout visiteur devrait avoir honneur d'apporter pour rafraichir le monde. Tant pis si la pâte et la farine masquent le niveau des bouteilles. C'est le repas de l'amitié. A la réussite de la fournée à venir.

Quand la pâte a levé, vient l'heure de façonner les tourtes. Les lingots coupés à la bêche sur le « tourlou » sont resserrés à la base, mains légères, contact minimum. Ils vont attendre sur des étagères l'enfournement.

Le fournier a chauffé son four... La cuite va durer sept à huit heures ; toute une journée ou toute une nuit. La pâte des trois arches forme une fournée. Dans le grand four chauffé au rouge, derrière la porte scellée avec un mortier formé de cendres mêlées à de l'huile ou à de la graisse de bêtes, va se dérouler l'alchimie du pain. La pâte prendra la consistance, l'odeur, la saveur d'une chair destinée à devenir notre chair. A la surface des tourtes va se former une croûte résistante comme une écorce et tellement parfumée.

Au défournage, acteurs et spectateurs sont présents. Le cérémonial de l'ouverture de la porte, de l'examen expert du fourneyron par-dessus les dos bruns des pains nouveaux précède la dégustation. Jadis, on se passait un fragment de la tourte nouvelle après que le plus ancien se soit prononcé : « bonum est ». Aujourd'hui on arrose les « gauchettes » de la première tourte d'un alcool enflammé. Arôme délicieux. Mariage du pain et de l'eau de vie, de la terre et du feu.

Chacun a l'impression qu'un grand événement vient de se produire. Renouvelé depuis des siècles. Marie-Rose (Mayo) raconte à ce propos une belle histoire.

« Lorsqu'un garçon avait en vue une promise, il dérobait une tourte à la famille de la demoiselle... Et puis avec les jeunes du voisinage il venait offrir le pain de la demande en mariage. »

Ce pain de grande saveur et de subtils arômes, garantie de survie rappelle l'odeur de la vie. Aucune des plus subtiles pâtisseries ne saurait lui être comparée. C'est la bure du paysan qui habille l'âme, comparée au banal costume qui cache le corps et lui donne apparence.

Mais ce pain bouilli, il faut encore savoir le manger. Les latins employaient un bon terme : « manducare ». La croûte casserait facilement nos dents accoûtumées aux délicatesses des mets trop raffinés. Il faut l'humecter dans la bouche, lui laisser émaner ses multiples saveurs afin que, naturellement, elle s'assimile. Il en est presque de même pour la mie (je dirais la chair) qui est une nourriture des forts. Tout ici est affaire de temps.

Ce pain étant fait pour survivre il devait durer. Du « paradis » du four où il est déposé (l'enfer étant l'antre noir d'à côté), il gagne la chambre ménagère des maisons. Là, les moitiés de tourtes, les « clapes » vont entamer une longue conservation, sèches et dures. La lame pourra s'escrimer, il faut un marteau pour casser les fragments. Les débris fondront dans la bouche pour « tromper la faim ». Il faudra humidifier dans un torchon les morceaux pour l'usage des hommes ou les faire tremper dans le lait ou le bouillon. Ce pain là est vraiment symbole d'économie.

— Quelle idée de revenir aux coutumes ancestrales ?

— Cette année, nous dit le maire, Henri Ranque, nous avons cuit sept fournées. Régulièrement, les gens s'y remettent. Voilà dix ans que nous avons repris la tradition.

— A votre avis qu'est-ce qui pousse les gens ?

— Il y a bien sûr le goût des choses anciennes, les jeunes et les enfants sont enthousiastes. Ils sont heureux de connaître les pratiques d'autrefois.

— Il y a aussi la saveur extraordinaire de ce pain, regardez le succès du « pain de campagne ».

On peut dire aussi que l'influence des articles, des reportages, nous ont aidé à prendre conscience de la valeur de ce qui existe chez nous. Mais on n'a pas attendu les étrangers pour s'y mettre. Je crois surtout que l'occasion de se retrouver, ensemble, de faire la fête du pain est devenu un plaisir.

— Vous allez continuer, bien sûr...

— J'ai déjà un projet de retaper la maison du four, elle en a bien besoin. Dans la salle des arches nous ferons une salle de réunion pour les jeunes, le reste du temps.

Le pain et les jeunes sous le même toit. Ça n'est pas une mauvaise idée. Ici on apprend la valeur du temps, la valeur de l'économie.

Faire le pain, mais aussi le manger. Pour apprécier la saveur du pain et pour en tirer toute la valeur nutritive, il faut savoir le déguster... l'attendrir par la salive qui déjà l'assimile, le laisser fondre dans la bouche, laisser jouer le temps des transformations et des transmutations. Pour ce faire, la façon d'un ancien dont les dents se sont déchaussées depuis belle lurette est exemplaire. Il faut voir d'un autre regard la manducation du pain par un ancien pour comprendre le prix de l'économie et la valeur du temps.

On comprend aussi pourquoi aujourd'hui encore, le pain gâché au bord des assiettes des gens dits civilisés prend pour tous ceux qu'imprègne encore la civilisation paysanne les allures d'un scandale.

Cela me rappelle une histoire. Nous étions, un jour d'hiver, chez Marie-Thérèse et Maria Gaspard de St-Christophe : à « l'accueil du passant ». Je ne sais par quel hasard nous vînmes à parler des différences de points de vue entre les gens d'ici et les gens d'ailleurs.

Un Rodier de la Bérarde, il y a quelques générations en arrière, avait eu l'occasion de manger en ville. Et il n'arrêtait pas de s'étonner : « Savez-vous comment ils mangent là-bas ? Ils mangent de l'herbe avec des fourches, sur des plates, et ils boivent dans des glaces »

Dire qu'ici la salade n'était pas considérée comme une nourriture, que l'assiette, le verre et la fourchette étaient considérés comme instruments superflus, face à la cuillère et à l'écuelle de bois que nous admirons désormais comme des productions de l'art populaire n'est certes pas un signe d'arriération mais seulement de différence. Et ces gens avaient autant de raison de nous traiter de barbares que nous de les trouver rétrogrades. Tout est affaire de point de vue. Et pourquoi la simplicité ne serait-elle point un critère ?

Le pain était précieux en ce qu'il était l'aboutissement de longs travaux : « Porter la broue », c'est-à-dire remonter la terre dans le haut du champ, porter le fumier à dos d'âne, de mulet, ou parfois d'homme, labourer, ensemencer, arracher à la main les mauvaises herbes comme je l'ai vu faire encore aux Aymes de Mizoën. Engranger les « bourles » dans les « bourats » entourant précieusement les épis afin de n'en rien perdre. Egrener plutôt que battre, porter au moulin souvent par les chemins glacés de l'hiver, et enfin seulement pétrir et cuire. Porter le respect au pain, c'était porter le respect au travail des hommes.

Ajoutons à cette longue préparation de 9 mois mais parfois de 12, les aléas des mauvaises années, des gels et des neiges hors saisons, des pluies de déluge ou des sécheresses. Au respect du travail s'ajoutait la crainte de la nature. Il fallut donc recourir de tous temps à des produits de remplacement : les choux-raves sont toujours cultivés à St-Christophe, les haricots gris firent la réputation de la plaine de Bourg d'Oisans. Raves et carottes (les racines) ont la faveur des jardiniers. En somme tous les légumes qui font des réserves, tous les légumes qui demandent à être mûris et concentrés.

La pomme de terre devait sauver bien des familles de la disette. C'est pourquoi elle s'attire aujourd'hui tous les soins, y compris par les ruraux de nos villages qui travaillent l'hiver dans nos stations. Dès que la terre commence à bouger, ils « sont en souci » pour préparer la terre. A St-Christophe, et surtout à la Bérarde, terre de granit, on a maintenu des canaux d'arrosage à cause d'elle. Demandez à Rémi Turc.

Tout le monde s'accorde à reconnaître la saveur particulière, et la finesse des truffes de Besse, de l'Enversin, du Rivier et autres terroirs réputés.

La truffe est donc à la base des plats traditionnels de l'Oisans que le touriste nomme spécialités. Mélangée à la farine, au pain, aux œufs, au fromage et au beurre, voire à un peu de verdure, elle sert à confectionner les farcis (en boules ou en sac, ou à la cloche), selon les vallées, les crozets, les treuilles, les ganèfles, les beignets de pommes de terre (pompes ou plates) et le gratin qui se prépare en Oisans avec la pomme de terre râpée. N'oublions pas la soupe qui constitua de tous temps le fonds minimum et les potées de petit salé pour assaisonner l'ensemble. Ce sont là fortes nourritures pour résister au froid de l'hiver et aux durs efforts de l'été.

Le paysan de l'Oisans porta toujours sa préférence vers les nourritures élaborées, les nourritures mûres, qu'elles soient de fromage « fait » en cave, des viandes de chèvre salée plutôt que de chevreau, de cochon, utilisateur de tout ce qui traîne, des œufs et de la poule bouillie préfére au poulet. Les marmottes, « piochées » en novembre, au début de la période d'hibernation, lorsqu'elles n'ont pas encore entamé leurs réserves, les chamois chassés avant la saison des pénuries, participent à l'impératif de ménager le blé qui lève.

Le principe d'économie règne en maître. Rappelez-vous la fable de la poule aux œufs d'or.

S'économiser

Pour économiser les nourritures, les habits, les socques, il convient de s'économiser soi-même. Ce qui ne signifie pas, comme on l'a parfois laissé entendre que la vie en Oisans fut d'un bout de l'année à l'autre une vie austère et cloîtrée. Il y eut de tous temps des réjouissances, des débordements, de grandes agapes. Les violonnistes d'Auris, de Vaujany, d'Ornon, de Bons, les accordéonistes de Livet faisaient danser dans les auberges, sous les tilleuls, voire dans les granges, garçons et filles au rythme endiablé de leurs « binious ». Marius Hostache a évoqué le petit Coulette de la Balme qui chantait, en outre, comme un rossignol. A Villard Notre Dame on a toujours mangé du chamois mais pour la fête de Notre Dame. La fête du Saint patron, les fêtes « d'obligation », les brandons ou fartailles furent toujours respectées, chaumées et marquées par quelque prélèvement hors de la mesure sur les réserves ou sur la bourse. On n'apprécie vraiment que ce qui sort de l'ordinaire. Tel était le sens et la valeur de la fête.

S'économiser c'est, par ici, mesurer ses pas, mesurer ses gestes, mesurer ses efforts, mesurer ses propos pour durer. La montagne géante, les saisons excessives, les champs minuscules, les peines disproportionnées imposent l'art de la mesure. Il suffit de regarder Pierre du Puy bâter sa mule blanche, donner l'herbe à ses lapins, il suffit de regarder petit Pierre de Clavans donner à ses vaches, il suffit de regarder Pierre de Bénardière grimper imperceptiblement mais avec continuité dans les rochers de la Meije pour comprendre l'efficacité de cet art de durer. Il donne un avant goût d'éternité.

Ce que parler veut dire

Le parler maternel nous tient aux semelles comme la terre de nos ancêtres. Un patois ne s'apprend ni à l'école, ni dans les livres, il se manie comme la fourche et le râteau, il ressemble aux façons de marcher, de porter et de manger. Il est économe de mots parce qu'il est riche d'images. Quel dommage que, des siècles durant, les écoles et les églises se soient efforcées de le déraciner ! Ce faisant, elles ébranlaient une pensée qui ne pouvait que se nourrir d'une culture. Lorsque, maître d'école, je m'efforçais de redresser les expressions des enfants qui venaient me dire : « Jé tombé », « je vais y ramasser », « je ne sais mai puis où je l'ai oublié », content de moi, je ne me rendais pas compte que mes corrections visaient à cette même entreprise.

Né face à d'autres horizons, je me garderai bien de prétendre présenter le patois de ce pays. J'y trouve cependant l'empreinte de la langue occitane et un cousinage évident avec ma langue maternelle. La daille d'ici et là est toujours la faux, l'aigue est partout l'aygue, le biel d'ici est le besal de là où l'eau coule, un linceul est partout un drap, une oulle est partout une marmite, une perolle est partout un chaudron, un tupin ou une toupine est partout un pot, une arche est partout un coffre. Lorsque je découvris, dans les archives de Mizoën, l'inventaire de toutes les affaires ayant appartenu à Ambroise Vieux, marchand du lieu, « trouvé mort sur son lit dans la fougagne de la dite maison le 3 mai 1652 » la langue d'Oc vint à mon secours pour déchiffrer de nombreux mots que le mestral n'avait su traduire en français.

Mon propos ici n'est pas de faire une analyse linguistique, mais de retrouver dans le langage du paysan d'Oisans, le « biais », l'attitude. Ici, habituellement, on ne lâche pas un mot n'importe comment : on le travaille, on l'affûte, parfois on le polit et le rogne. Parler, c'est parfois pour dire et parfois pour cacher. J'entends bien sûr, dans le langage paysan. Pour approcher une bête à l'étable ou dans les champs, vous commencez à lui faire entendre la parole. Essayez seulement (comme on dit), d'aborder un mulet farouche sans l'accoutumer à la voix... Les personnes vont un peu de la même manière.

Le bonjour et bonsoir protocolaires ne sont-ils pas signes d'indifférence ? Une « connaissance » s'aborde d'une boutade : sur le temps, c'est commun, mais mieux que rien. « Tu t'es bein fait beau ce matin, mon Pierre ». Ça, c'est plus personnalisé. « Qu'est-ce que tu dis, mon Jean ? » « Alors, la maison Brun, comment vont les affaires ? » Chacun s'efforce d'interpeller chacun au gré de l'humeur et des circonstances et ça n'est pas une mince affaire.

On a beaucoup dit des proverbes et des formules : certes, souvent ils ne se « mouillent » guère et s'efforcent de ménager la chèvre et le chou... Ils prêchent souvent la prudence, la retenue et, si l'on veut, une certaine forme de sagesse. Une sagesse exploratoire. Car, « si les bœufs se prennent par les cornes, les hommes se prennent par la parole », aux dires d'un proverbe gravarot. « Ça ne faouta pas peta plus aout que le cu... »

Ne nous faisons pas trop d'illusions, la perspective manque peut-être d'envergure, mais il vaut mieux tenir que courir. « Il vaut mieux argent d'épargne qu'or d'Espagne », « Vante bien la plaine mais tiens-toi à la montagne », « Plus la bête monte plus elle a le poil fin » disait André Dode, maire de Besse de ses administrés. Pour tout dire, la montagne, comme la terre, le temps qu'il fait hors, apprennent chaque jour à ne point trop forcer notre talent. Et même si l'on rêve des ailleurs, il vaut mieux prouver qu'annoncer.

CHAPITRE **8**

Destins

« Le dernier mot appartiendra
aux résistances de l'âme
plus qu'aux grandeurs du territoire. »
G. Roupnel

Rien de plus mystérieux qu'un destin. Il y entre du pari, de l'acharnement, du flair et l'art de réunir les chances que couronne la réussite. Voyant vivre les gens d'ici, s'entrecroiser leurs pistes, examinant le sillage de leur activité me voilà contraint de songer à ce tri étrange, que, faute d'en pouvoir démêler l'écheveau, nous appelons destinée.

A première vue les pistes du destin se croisent et s'entrecroisent. Des paysans besogneux de Venosc, de Mont-de-Lans, d'Auris, d'Huez, de la Grave, des Villards, marchands, porte-balle, merciers, fleuristes, lunetiers allèrent courir leur chance dans les provinces françaises, en Allemagne, en Espagne, dans les pays des Balkans, en Australie, en Nouvelle-Zélande, du Canada au Mexique et en Argentine, à Odessa, St-Petersbourg, Nijnii-Novgorod et Vladivostok. Certains en revinrent gros jean comme devant, ou pis que devant, d'autres y trouvèrent culture, considération et parfois fortune.

La main à la pâte

La meule...

Préparatifs pour aller moudre.

Au moulin de Besse.

gauche, l'eau du pain bouilli.

Brassage du levain dans l'arche.

Pétrissage.

A droit
Les tourt
au « paradis

Alchimie
du pain.

A gauche :
Le « fournier » au travail.

L'écorce du pain, gage de six mois de conservation.

Après le sacrifice.

A droite
« Tu périra
par o
tu as péché.

Pages suivantes
Le malheur des uns..

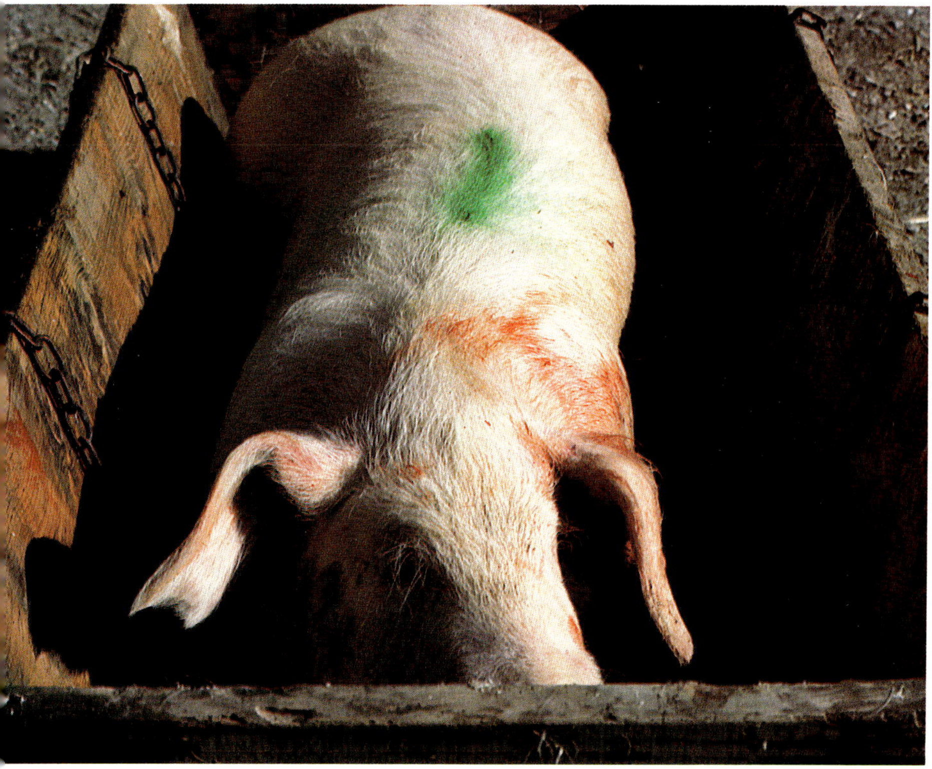

Pendant ce temps, les Hugues Gaspard venaient s'établir à St-Christophe. Pierre Gaspard relevait le défi lancé par les guides de l'Oberland, du Valais, de Chamonix et de leurs sportsmen anglais, parvenait, à la barbe de ce beau monde, au sommet, jugé invincible, du grand Pic de la Meije. Il montrait à ses fils Pierre, Maximin, Casimir, Joseph, Devouassoud, Alexandre le chemin des cimes. Il entraînait dans son sillage des Jean-Baptiste Rodier, des Joseph Turc dit « le zouave », des Christophe Roderon, des Christophe Turc-Bourbon, des Paquet, des Richard, des Turc, des Brun, des Faure, des Aymar...

Jules Carrel ; descendant du Bersaglière de Valtournanche, « ouvreur de voies » au Cervin, s'installait guide muletier à la Bérarde, fondait la première entreprise de transports de la vallée, bâtissait maisons et fontaines, conduisait les destinées de la commune de St-Christophe pendant plus de 30 ans. Il donnait à la station des Deux-Alpes un de ses fondateurs à côté d'autres « pionniers », des Mounier, des Tessa, des Martin...

Les Tairraz, essaimant de Chamonix à la Grave et à la Bérarde fondaient une dynastie d'hôteliers en compagnie des Juge et des Rodier. « Nul n'est prophète en son pays » dit le proverbe. Il a souvent raison, mais pas toujours. Pour inventer, pour risquer, pour « plonger » il faut être libre de préjugés, dégagé des aléas d'une contraignante expérience, il faut être neuf, il faut « avoir faim ».

Georges

Tel me paraît être le cas de Georges Rajon, fils d'un pupille de l'Assistance Publique recueilli par une famille d'Auris, il est aujourd'hui symbole de réussite personnelle.

Son destin est associé à la brillante ascension de l'Alpe d'Huez. N'ayant rien à perdre, il pouvait tout tenter. Affamé de considération et de réussite il s'est battu, il a gagné.

Longtemps je l'imaginai hautain, enfermé dans le cercle des fréquentations mondaines ou affairistes, navigant à cent coudées au-dessus du petit peuple de ces montagnes. Paradoxe. C'est un ouvrier d'usine de la basse vallée, un syndicaliste convaincu, fils d'émigrés, qui nous a rapprochés. Un jour, nous découvrîmes ensemble, en toute liberté, skis aux pieds, l'austère Combe du Loup débouchant sur Sarenne. Et je m'aperçus que la montagne des Grandes Rousses, son domaine, Georges l'aimait. Il aimait en faire connaître les magnificences et les secrets. Sans phrases, sans condescendance.

Ce jour-là je compris qu'il voulait être jugé sur sa valeur propre et non sur son pouvoir, sa fortune, son influence. Le service qu'il rend ou l'aide qu'il apporte reste dans le domaine du privé, voire du secret.

Certes nous ne partageons pas toujours les analyses et les visions d'avenir. Après tout, est-ce l'essentiel dans ce monde contingent ? Par moments le ton se durcit parce que Georges a dû se battre pour faire sa place au soleil. Il a reçu des coups et il a dû en rendre. Il a affronté l'envie, la jalousie, et pis encore l'obséquiosité. Ses compatriotes ne lui ont jamais fait confiance pour conduire les affaires de la commune, mais ils lui ont laissé les risques de créer et de présider la Société des remontées mécaniques, la S.A.T.A., et le Club des Sports. J'ai trouvé, parfois, dans ses propos une intransigeante franchise : « Voyons rappelle-toi, disait-il à un collègue et ami, tu y étais bien, et tu disais comme les autres. Tu as donc perdu la mémoire ? »

De ces affrontements, il lui reste des jugements péremptoires qu'on ne saurait admettre sans les nuancer. « Dans notre pays d'Oisans il n'y a pas d'autre solution que le tourisme. Tout le reste c'est de la rigolade. » Tel qu'en lui-même !

— Mon père, commence Georges, qui ne savait ni lire, ni écrire...

— Et pourtant il avait une belle écriture, précise, entre parenthèses un des anciens de la station.

— En attendant il gardait les chèvres et les bêtes sur la Montagne de l'Homme, en face... Et il en a bouffé de la vache enragée.

Georges manifeste un culte pour Maurice son père.

« En 1911 il est parti faire son service au Maroc, il a enchaîné sur la guerre de 14-18. Sept ans d'armée.

De 1921 à 1925 il prend en gérance la cantine des mines de l'Herpie à près de 2500 m d'altitude, hiver comme été. Au milieu de la neige, des avalanches, et au milieu des mineurs. Il y avait là des gars de Besse, d'Auris, de Clavans, des rudes, mais aussi des apatrides pas très recommandables. Quand ils avaient touché leur paye ils buvaient, jouaient de l'argent, pissaient dans des seaux, sur place... Ma mère, seule femme, restait enfermée dans la cuisine et mon père tenait le fusil à portée de la main. Nous étions ravitaillés par le câble (plus de 7 km). C'était le Far West. »

Après quatre années de cette vie « colorée » mais austère, la famille descend à Vizille pour tenir le café du Château. « Tous les jours le petit train de l'Oisans nous apportait un peu d'air des montagnes. J'étais un vrai poulbot, considéré par les mécaniciens de la locomotive... Ils s'amusaient à me faire siffler pour faire partir le train. »

« Mais mon père ressentait le "dure temps" de ses montagnes. En 1930, il remonte aux cabanes de l'Alpe d'Huez et prend la gérance du chalet du Touring Club de France, vers le Dôme. C'était une sorte de refuge. Les skieurs de l'époque étaient des mordus, de vrais montagnards, ils montaient à pied. Il a capté une source, amené l'eau courante et aménagé quelques chambres. L'été, il prenait en pension deux vaches, élevait des poules et deux cents lapins en liberté. Avec ses économies, il décide de se jeter à l'eau : il achète le chalet du Touring et les terrains autour : 200 000 F de l'époque. C'était un pari audacieux. »

« La chance. C'est Joseph Paganon qui nous l'a faite. Ministre des Travaux publics d'un cabinet de la 3e République — ils ne duraient pas longtemps ces cabinets — il transfère sur l'Oisans 22 millions destinés aux Pyrénées. Il aimait l'Oisans et connaissait bien le pays. Il s'arrêtait dans les maisons et s'était fait des amis. En plus, il avait des idées sur l'avenir de ces montagnes et il croyait au développement des sports d'hiver.

Séance tenante, 14 entreprises sont réparties sur le parcours. A la pelle et à pioche... et à coups de mine, l'ancien chemin est élargi. En 1936 les cars et les voitures pouvaient monter. Il avait prévu de continuer jusqu'au plateau supérieur, mais les dirigeants d'alors n'ont pas voulu. Grosse erreur. Nous n'aurions pas aujourd'hui les problèmes de liaison et d'urbanisme entre le haut et le bas de la station. Le reste des crédits a été employé à ouvrir la route de Villard-Notre-Dame. Dans la foulée, Paganon commande en Amérique un Caterpillar à deux turbines. Tout était prêt pour démarrer. »

« En 1935, Pomagalski et Garnier montent le téleski de l'Eclose ; dans la foulée, Armand Mourra, à partir d'un moteur de camion installe le téleski du Lac Blanc... il rafistole, il remanie, envisage un pylône aérien pour monter à la cascade. Roger Comte, l'écrivain ami de l'Alpe, donnait des perches au skieurs. C'était l'époque héroïque, ça bégayait. En 1939, la station était lancée... 5 hôtels, 11 chalets, une école de ski... »

Si vous entreprenez Georges Rajon sur l'histoire de la station, il vous tiendra en haleine une nuit entière. Histoire de folles entreprises et de faillites retentissantes. Affairisme, liaisons incertaines, projets mirifiques, investissements fantômes. Incidences de la guerre avec la saisie et la mise sous scellés du Signal (propriété d'un collaborateur notoire et disparu de la circulation.)

Entre temps, Georges apprend le métier de pâtissier à Grenoble. Allergique à la discipline de l'internat, il passe plus de dimanches en retenue qu'à l'Alpe.

« Un dimanche, je devais ouvrir une course de ski. Je me suis tenu à carreau toute la semaine. A la fin du repas, je devais passer au coiffeur. Je fonce le premier. Le pion m'appelle : « Donnez-moi votre billet de sortie ». Devant mes yeux il le déchire. Ça fait mal. Me voilà au stade avec les autres. Sous la blouse j'avais les habits du dimanche. Et en douce, je me défile à l'Alpe. J'ai ouvert la course et tout le reste du trimestre, je l'ai passé en retenue. »

A la fin des études j'ai travaillé avec mon père. Nos caractères faisaient parfois des étincelles. Quand je me suis marié je décidai de voler de mes propres ailes. Nous nous sommes installés avec ma femme au vieux chalet du Cognet devenu le Dôme. Quand nous nous sommes trouvés seuls dans cette cabane nous avons ressenti un pincement au cœur. Tout était à faire, mais nous étions chez nous. »

« Restait à faire venir les clients. Les cars stationnaient en bas et nous regardions passer les skieurs. Un jour, je vais voir les chauffeurs et je les invite à dîner. Depuis ils attendaient les skieurs devant la porte. Je préparais une grande marmite de chocolat chaud. Les uns voulaient du café, d'autres du thé. Je disais — il n'y a que du chocolat.

— Va pour le chocolat... »

Après la guerre, je me suis mis à fabriquer des croissants. On enfournait à la veillée et le matin on livrait.

Ensuite nous avons construit le Christina. Les débuts ont été très difficiles. Tout avait été investi dans la construction, il fallait manger, il fallait travailler. Il m'est arrivé de n'avoir pas le sou pour acheter du pain. Un client a partagé avec moi ce qu'il avait. Ce sont des choses qu'on n'oublie pas. »

La grande affaire dans la vie de Georges c'est la S.A.T.A. qu'il préside depuis 1968. Elle démarre avec la vente du téleski du Signal (mis sous séquestre, racheté par le banquier Sleier) et la construction laborieuse du téléphérique. Nous sommes en 1952-54. Les édiles d'Huez à qui l'on avait proposé une association se sont désistés. Vidal, le constructeur, se trouve en difficulté et vend. « C'est alors, dit Georges que l'Alpe se réveille ». En 1958, conseillés par le Sénateur Jean Berthoin, Clotaire Collomb, Georges Dauphin et Georges Rajon rachètent le téléphérique en fondant la Société d'Aménagement du Téléphérique de l'Alpe.

Formule originale : dans la société sont rassemblés avec la commune l'ensemble des hôteliers, commerçants et moniteurs de ski au prorata de leurs chiffres d'affaires. En compensation, la société acquiert le monopole de l'équipement sur l'ensemble du domaine skiable. Tous les bénéfices seront réinvestis.

En 1962 la S.A.T.A. prolonge le téléphérique jusqu'au Pic Blanc qui ouvre la descente sur le glacier de Sarenne et sur le domaine de haute altitude. Il manquait ce sommet au prestige de la station.

Mais voilà, il fallait pouvoir redescendre facilement en versant Nord, vers l'Alpe.

« Nous avions étudié, dit Georges, un passage par la Combe de l'Herpie. Pour fixer les avalanches nous pensions utiliser des câbles fixés à des rails. L'ingénieur Cheret nous fait valoir que la force de la neige aurait vite tordu ces ferrailles. Il avait raison.

Que faire ? Deux solutions se présentent : tailler une route pour traverser la crête ou percer un tunnel. J'étais pour le tunnel.

L'ingénieur des Ponts et Chaussées m'objecte le coût de l'opération, 70 à 80 millions de l'époque. Je trouve une entreprise (Vigne) qui soumissionne à 40. Ici on faisait valoir le « tirage » du tunnel. Je tiens bon et j'emporte le morceau.

A l'automne, je pars chasser en Yougoslavie. A mon retour les collègues m'annoncent : « On va araser la crête et faire la route ». Je vais voir Clotaire, fais appel à un arbitrage impartial, Emile Allais, et fais convoquer une nouvelle réunion.

Le 15 juillet 1964 j'organise une expédition sur les lieux avec les responsables de la station, des moniteurs de ski, des C.R.S. Je fais prendre 300 mètres de corde et nous voilà partis. Et je fais descendre tout le monde dans la brêche des Rousses. Certains n'étaient pas fiers. D'autres nous regardaient d'en bas à la jumelle. J'avais gagné. Nous avons percé le tunnel.

J'admets que nous aurions pu partir d'un peu plus bas, mais nous avions créé une piste difficile qui manquait à la station. »

Cette anecdote dépeint Georges Rajon : son entêtement, sa passion. Ecoutons-le encore parler de l'eau : problème crucial dans une agglomération d'altitude.

— Savez-vous combien un touriste consomme de litres d'eau dans une journée ?

— ??

— 500 litres par jour et par tête en moyenne... L'adduction d'eau de l'Alpe datait de 1938. Nous avions bien créé un réservoir de 500 m³ alimenté par la résurgence du Lac Blanc, mais nous ne pouvions fournir que pour 2000 personnes et la station se développait. Plus d'eau dans la station. Que faire ?

Tous les soirs, j'allais fermer la vanne du réservoir pour le laisser remplir. Un soir de tourmente à ne pas mettre le nez dehors, j'ai dû faire demi-tour. Il fallait absolument trouver une solution. Nous avions un beau réservoir naturel : le Lac Blanc. Mais il fallait capter. Le niveau baisse à l'automne. Une barrière de neige se forme, puis le lac perce. Un siphon était envisagé. Mais la pression atmosphérique ? Nous avons étudié le pompage. Coûteux et aléatoire. Il restait une solution : percer la roche sur 200 mètres. Encore un travail de géants. »

Voilà quelques-uns de ces travaux d'Hercule auxquels Georges contribua de toute son énergie et de sa forte personnalité. Aujourd'hui il s'est quelque peu retiré des affaires, entretenant la solidarité familiale et le culte de son père Maurice, cultivant l'amitié de quelques compagnons de chasse sélectionnés, évoquant des souvenirs, parfois pittoresques comme l'histoire du canard farceur et insubmersible du Lac Noir... « canardé » par les disciples de St-Hubert du voisinage, le « coup de lune » de Léandre Colomb à la cabane de Lauvitel. Il fit murer la fenêtre par où l'astre de la nuit le narguait dans son sommeil plutôt que de changer son lit de place.

Avec Paul Vieux-Pernon, un ancien, ils évoquent ainsi des souvenirs de l'Alpe naissante.

Aujourd'hui, une rue Maurice Rajon vient d'être inaugurée dans un petit cercle d'amis : ce fut pour Georges une joie qui eût été sans mélange si la place cédée par la famille eût bénéficié de ce patronnage.

Hivernage solitaire

Rémi est fils de Moïse de la tribu des Turc. Vous savez, Moïse qui trouva la mort en avril 1959, emporté, en compagnie de Pierre Paquet, par l'avalanche de la Pilatte.

Moïse des Etages. Ceux qui ont connu la vallée avant 59 se rappellent cet homme taciturne aux yeux brillants, grands bras et longues jambes. Ceux qui l'ont approché régulièrement se rappellent que, comme toutes les personnalités du lieu, il avait son expression favorite. En préambule de ses paroles le même « principalement » sacramentel. Discret, mais efficace il accomplît son métier de guide avec honneur. Peu familier des pitons mais bon rochassier, il possèdait l'instinct de l'adhérence sur le granit de l'Oisans, son domaine.

Dans l'équipe des chasseurs des Etages et de la Bérarde, la traque lui incombait. Etant piètre tireur, au dire de ses compagnons, mais doté d'une endurance peu commune, il était tout désigné pour rabattre les chamois vers les postes de tir affrontant les fourrés de vernes inextricables, courbés par les avalanches, les dalles glissantes et les ressauts moussus de la Tête de l'Ours, agile comme un singe, jamais essouflé, porteur infatigable. Ainsi gagnait-il sa part au butin utilisée pour nourrir sa nombreuse famille qui ne dégusta guère d'autre viande que le chamois, la marmotte, le cochon et la chèvre salée.

Tout naturellement, Rémi, habitué dès l'enfance à parcourir la montagne en galoches, à « serrer » du bois, porter le sel aux brebis, chercher les chèvres enrochées devint guide comme le père. Il aurait probablement continué sa carrière de guide paysan, comme les anciens. Mais la nouvelle pratique du métier à la fois plus organisée et plus décousue, plus anonyme et moins enracinée au terroir l'a quelque peu déboussolé.

« Trop de problèmes dans la Compagnie du Vénéon » dit-il laconiquement.

Progressivement, sans éclats, Rémi a laissé la corde et le piolet pour se consacrer à ses champs, à ses bêtes... et aux chamois, marmottes et autre sauvagine.

L'hiver, il se terrait aux Etages, en compagnie de ses deux sœurs célibataires. Je le revois encore par un automne finissant, transportant sur un chariot à bras, un chartin comme on dit ici, le modeste déménagement de la Bérarde aux Etages.

Il tenta quelques années de travailler au déneigement à la station des Deux-Alpes. Peu satisfait de cet intermède et tous comptes faits, il décidait de retourner hiverner là-haut, à la Bérarde. Il va entamer pour la septième année consécutive son hivernage solitaire. Pas tout à fait cependant puisque son camarade Bichette, à la barbe fleurie et au rire caractéristique, lui tint compagnie pendant les deux premières années.

Succès de curiosité. Amateurs d'insolite et de folklore, journalistes, reporters, photographes montent à la rencontre des ermites. Mais la curiosité se lasse vite. Et Rémi garde un souvenir mitigé de ces visites épisodiques et de ces reportages à côté de la question. Plus est besoin, durant le long hiver, de la visite des amis discrets que de celle des curieux ou des voyeurs.

Et maintenant il reste seul. Seul, c'est beaucoup dire puisqu'il héberge sous son toit une quinzaine de brebis mères qui vont « poser » l'agneau en fin d'hiver, de cinq chèvres et de leurs chevreaux, et du bouc indispensable, des poules, des lapins et de son chien Jim, fidèle compagnon. Comme Noé dans son arche. En plus, il bénéficie du voisinage, des chamois, des renards (« leurs traces sont plus nombreuses que celles des randonneurs »), des blanchons et de la sauvagine.

Dans la nature vierge ? Rémi se garde bien de l'invoquer contrairement à ceux qui s'en réclament, à cor et à cris, comme dépositaires et défenseurs.

La nature ? Rémi n'en parle pas, mais il sait bien de quoi il retourne : les saisons, le mouvement des sèves, des ruts et des gésines, l'annonce du beau et du mauvais temps, les transformations de la neige et le refroidissement et le réchauffement de la terre, les humeurs de l'ouragan et le mouvement des bêtes. La solitude ne tolère pas qu'il prenne le moindre risque, alors tous ses gestes sont calculés. A l'économie. Comme pour tout montagnard son outil familier c'est le « porte-vue », les jumelles, que Rémi porte en bandoulière ou en sautoir comme il endosse la veste ou coiffe le chapeau. Pour surveiller le troupeau de brebis, en liberté par les vallons, situer les hardes de chamois et le nez des marmottes ou pour examiner la touche de celui qui arrive au détour de la vallée.

En hiver, là-haut, il est le roi du domaine, le gardien des montagnes. Ça aussi il ne le dira pas. Coupé de la vie, dite civilisée, par les avalanches, les chutes de pierres et de glace qui obstruent la route en amont de St-Christophe, il détient la clé du Centre du Club alpin (on laisse la clé au pâtre !). Il peut, le cas échéant, utiliser le groupe électrogène en cas de panne d'électricité (chose assez fréquente) « Le village de la Bérarde fait partie de la commune de St-Christophe seulement en été », dit-il.

En été, Rémi disparaît dans la foule anonyme de ce caravansérail plein de circulation et de bruit... ou plus exactement il se tient à distance des campeurs, promeneurs, pique-niqueurs qui foulent l'herbe des champs et traînent après eux leurs erres, leurs papiers gras ou leurs mouchoirs cellulosiques et leurs emballages perdus.

Pour Rémi, la grande affaire de l'été c'est de préparer l'hiver. Faucher l'herbe qui a échappé au piétinement : il en faut plus de 5 tonnes pour nourrir le bétail, ébrancher quelques bouleaux dont la feuille ici possède une qualité nutritive particulière, inconnue ailleurs. Planter, biner, arroser quelques raies de « truffes », couper du bois, surveiller et porter le sel aux brebis afin de les rentrer à l'écurie grasses et en bon état. L'été signifie aussi des travaux sur les sentiers « à prix fait », afin de gagner l'argent pour s'acheter pâtes, riz, sucre, café et toute l'épicerie à stocker avant la mauvaise saison, pour s'acheter les munitions pour la chasse et quelques habits pour renouveler ceux qui s'usent, le gaz, les piles, les bougies.

La grande période de liberté, excluant l'été à cause des touristes et l'hiver à cause de la neige, ce sera l'automne, saison de chasse. Rémi parcourt la montagne qu'il aime sans le dire.

Mais j'ai déjà beaucoup trop parlé ou beaucoup trop écrit. N'empêche que la présence de Rémi à la Bérarde que les anciens voyageurs disaient « dernier asile des vivants » ou « morne thébaïde », nous interpelle nous qui vivons dans les vallées.

Si j'avais quelque pouvoir, j'aurais nommé Rémi — qui ne demande rien à personne et qui jamais ne s'abaissera à rien demander (et il a bien raison) — je le nommerais gardien du Haut-Vénéon et de la Bérarde. « Gardien ou jardinier de la montagne ». On en parle beaucoup pour n'en rien faire. Mais je sais bien que cela n'est pas sérieux. Rappelez-vous celui qui répétait dans le livre du « Petit Prince » : « Je suis un homme sérieux, je suis un homme sérieux ». Nous en sommes bien là, et il n'y a pas beaucoup à espérer quand tous, tant que nous sommes, commençons à nous prendre au sérieux et à nous mordre le robinet. « Vanités des vanités » disait l'Ecclésiaste.

Quant à Rémi, il se contentera de hausser les épaules et de sourire dans sa barbe ou sa moustache, choisissant ses amis et sa façon de vivre. Témoin silencieux, sauf avec ses amies les bêtes. Et auprès de lui nous ne sommes que des « m'as-tu vu » et des sauvages.

Les mal aimés

Les chantres de l'Oisans des « pures montagnes » voudraient bien en exclure ou passer sous silence le val de Livet et Gavet. Coincé entre Taillefer et Belledonne, étranglé par la Vaudaine (vallée damnée) et l'Infernet qui firent et défirent le lac de l'Oisans, il apparaît un purgatoire plus qu'une vallée accueillante.

Les nuages s'y engouffrent et y stagnent, apportant en hiver, pluie à Gavet, neige à Livet. La proximité des hardis reliefs que l'on toucherait presque s'y exprime avec force : Pic de la Fare, contrefort du Galbert, piliers du ciel. Tamisée par les fumées, apparaît la barrière enneigée des Grandes Rousses. L'avalanche de Belledonne s'immobilise au ras des maisons de Livet. On croirait encore entendre ses grondements de tonnerre tandis que bouillonne la Romanche redevenue torrent après son passage en plaine.

Ses gens, marqués par les vigoureux reliefs, vivant sur des champs misérables et parcimonieux s'adonnèrent avec frénésie à la culture, à une pratique communautaire et sectionnale de l'élevage aux montagnes du Poursollet, du Pré d'Ornon, du Treuil, à la chasse au chamois et à la recherche des mines.

« Grands, forts et vigoureux, écrivait Taulier, ils sont d'une habileté extraordinaire pour courir dans les rochers et sur le bord des précipices... Partout le plomb, le cuivre, l'argent dédommagent les hardis travailleurs qui ont forcé la terre d'ouvrir ses entrailles pour suppléer à la stérilité de la surface. »

La gravure classique de Livet avec son pont de bois et ses chaumières montrerait aujourd'hui de longues bâtisses usinières. On voudrait le lui reprocher, mais Livet et Gavet est une des rares communes à résister tant bien que mal au dépeuplement de nos montagnes.

Ses gens domestiquèrent de bonne heure le torrent, utilisant les minerais, le bois des versants pour faire de leur vallée l'antre de Vulcain. Les fourneaux et martinets tournaient au souffle de la Sivignole, chantée par Alpinus : « Sa poitrine vaste est une outre où le vent s'empile, sa bouche rougit à blanc le métal, son bras et ses jambes gigotent des bénédictions sur la tête de ses robustes lurons, sa queue plonge dans la rivière pour y prendre son souffle et sa vie ». Mariage de l'eau, du feu et de l'air. Il n'y manque que la terre.

La tradition industrielle et industrieuse remonte donc à l'antiquité. Avant que la houille blanche ne vint peupler d'usines ce corridor, des fourneaux s'allumèrent à Rioupéroux et à Livet au milieu du siècle dernier, remplacés par une papeterie qui dispensa du travail à Rioupéroux pendant près d'un demi-siècle.

L'électricité attira de nouveaux maîtres de forges. Ceux de l'électrochimie, de l'électrométallurgie. A la guerre de 14, les centrales installées sur la Romanche tumultueuse fournissaient 64 000 kilowatts d'énergie. Par malchance, les maigres eaux de l'hiver ne réussirent pas à fournir du travail au paysans des montagnes qui souffraient de l'inactivité hivernale. Chassés par la crise agricole ils descendirent plus loin vers Grenoble et les bas pays. Il fallut faire appel aux étrangers, aux déracinés par les crises, les misères, aux exilés des révolutions.

Les premiers venus à apporter leurs forces et leur énergie arrivaient de par delà les Alpes, par familles entières, par tribus, de Belluno, Bagnolo, Giavenno, Bussoleno, du Piémont, de Lombardie ou de Calabre. Très tôt apparut une colonie de Chinois, hommes discrets, méticuleux, fidèles à leur drapeau et à leurs fêtes. « Ils portaient leur paye, dit Nicolas, au Père Pinel qui tenait boutique, vendait de tout, du riz et des vélos et toutes les épices que réclamaient ces palais d'un autre monde. » Puis apparurent les contingents de Russes chassés par la débâcle des armées blanches contre-révolutionnaires : colonels, capitaines, avocats, fils de popes, aristocrates... gens de culture, parlant français, et embauchés comme simples ouvriers ou balayeurs. Les exilés de Mussolini et de Franco vinrent trouver refuge dans la vallée enfumée. « Les Espagnols étaient enfermés dans un camp au Ponant. » Enfin les Marocains, Algériens,

Sénégalais vinrent « piquer les fours » pour chercher subsistance pour leurs familles, mêlés aux Portugais.

On a dénommé cette vallée « Babel des peuples », je dirais plutôt, creuset des races et des civilisations. Et tandis que nos gens des montagnes partaient encore voyager à travers le monde, porter la balle, vendre des fleurs ou des lunettes, le val de Livet parlait toutes les langues, adoptait les cultures et les traditions les plus diverses. Il serait possible d'imaginer que les colporteurs fleuristes qui commercèrent à Odessa, à Sébastopol ou à St-Petersbourg comptèrent un jour parmi leurs clients ces exilés échoués dans la vallée. Probablement ils ne se retrouvèrent pas.

Les hommes et les femmes qui ont vécu leur enfance en cette période bariolée de couleurs de peau, de civilisations et de langages se rappellent encore avec émotion les mœurs étranges de leurs voisins, les célébrations de Noël et de la Pâque russe, avec les gâteaux chargés de bougies, bénis par le pope dans l'église orthodoxe illuminée de cierges, enluminée d'icones. Ils se rappellent les costumes pittoresque des peuples lointains, les chéchias des tchadors, les blouses brodées et les bottes d'Ukraine. Les chants nostalgiques des exilés. Les petits Italiens, Français, Espagnols allaient quêter chez les Russes les œufs de Pâques décorés de vives couleurs, les gâteaux aux goûts étranges, perowskis, cashas de blé noir, blinès fourrés.

« On vivait ensemble, dit Nicolas, et le racisme n'existait pas : le travail était tellement dur. Seule différence, les cols bleus vivaient séparés des cols blancs. A la cantine, il y avait le mess des ouvriers, le mess des employés, le mess des ingénieurs. »

Au cimetière tout le monde se retrouve. La visite des cimetières est toujours prodigue de leçons. Jusque dans la comparaison entre les époques : 1900 était riche de population et d'activités. Le champ des morts apparaissait alors envahi d'herbes folles. Aujourd'hui ce pays qui se meurt pourrait s'enorgueillir de la tenue, du luxe de ses cimetières. Etonnant contraste.

J'ai donc visité les cimetières des Clavaux et de Livet. Les tombes anonymes des lointains et modestes immigrés disparaissent sous la neige et dans l'anonymat. Il est émouvant de voir se mêler aux noms du pays les stèles des Italiens, des Espagnols et les croix orthodoxes. Aux Clavaux, la famille Terentiev est en bonne place, Alexandra née à Yalta, sa mère née à St-Petersbourg, son mari Wsevolod né à Samara. Nicolas Abramof, héros de la résistance, tué par les Allemands n'a pas été oublié. Son nom figure sur sa tombe et au monument des fusillés de l'Infernet.

A Livet, j'évoque Wladimir Zrodlovski, ce colonel, instructeur à l'école militaire de Couban qui servit sous les ordres du général Alixeeff et sa femme Olga, infirmière major, décédée en 1980. Avec la dignité due à son rang, il balayait les ateliers. Un peu plus loin s'érige le souvenir de la famille Doubrevski et de Grégoire Popoff, colonel d'artillerie. Vadime était capitaine, il dort en compagnie de Sophia son épouse. La stèle noble et sobre d'Anna Dvigoubsky voisine avec celle des Polonais Goloviez, Dinechik, Borowiec, Czernatowicz. Quelque chose de l'âme slave flotte en ces lieux.

Ces voisinages, ces confrontations fécondes ont-elles joué un rôle dans l'esprit de la vallée ? Toujours est-il que la communauté de Livet et Gavet est l'une des plus vivantes de l'Oisans. Peut-être la gestion avisée de son maire indéracinable, Abel Maurice, n'y est pas étrangère. L'amicale des Ecoles anime le pays aux fêtes de Pentecôte. Le foyer des jeunes se transporta quelques années à la Bérarde pour y célébrer la fête du Rhododendron. Les équipements sportifs et culturels pour la jeunesse sont les plus prospères de l'Oisans. Certes les usines favorisent les finances communales de leurs deniers. Mais encore, parmi ces demeures ternies par les fumées, faut-il que l'étincelle de la vie sociale se manifeste.

Nicolas Mankovsky est un personnage qui pourrait résumer à lui tout seul les vicissitudes et les espoirs de cette greffe étrangère. Son père, Dimitri, arriva à Rioupéroux en 1928. Il était le fils du pope Andronik de Zawidow pendu à un arbre par les révolutionnaires. Dimitri alors étudiant séminariste, révolté par ce spectacle, s'engage avec les contre-révolutionnaires, devient élève officier. A la déroute de l'armée blanche, il s'enfuit à Constantinople, travaille comme mineur en Bulgarie, travaille à Angers ou dans l'Aveyron, pour finalement aboutir à Rioupéroux. Ses huit frères et sœurs ont disparu dans la tourmente révolutionnaire. Deux évêques orthodoxes illustrent la lignée ancestrale.

En 1930, il épouse Nathalia Marabuti originaire d'Odessa. Fille du Consul de Jaffa (en Israël) elle suit la famille dans ses pérégrinations (des photographies proviennent de Corfou). Elle vit dans une ambiance de culture ouverte sur l'Orient. Son père parlait 9 langues. Elle pratiquait le Français, la musique, jouait du piano. C'était une belle femme.

« Elle écrivait beaucoup, dit Nicolas, elle voyageait à Paris, à Nice. Elle allait dans les manifestations musicales. Ça n'était pas une femme de maison, mais elle voulut nous donner une éducation. Le jeudi, elle nous envoyait prendre des cours de Russe chez un instituteur. Elle a voulu que j'entre aux Vitiaz, les scouts russes, où je retrouvais Nicolas Abramof, Elizabeth Votkovich, qui s'est mariée à Paris avec un Comte russe, Catherine Terentiev, professeur de Russe à Paris, qui s'est achetée une maison à Entraigues. Son fils est venu en mobylette de Paris pour passer un examen à Bourg d'Oisans. Il voulait vivre et travailler en montagne. »

« Ma mère n'était pas une ménagère accomplie, mais à l'occasion des fêtes de Pâques, elle cuisinait pendant trois ou quatre jours pour préparer les œufs décorés, les gâteaux et les spécialités russes, la poule bouillie, l'oie. Elle pensait qu'il nous fallait garder les traditions pour revenir peut-être un jour dans notre pays. »

Dimitri, son mari accède aux responsabilités de chef cuviste à la fabrication de l'aluminium. Il invente même un procédé pour piquer les cuves. Le brevet a été déposé en 1951, après sa mort, et Nicolas en possède l'original.

« C'était un homme de tête et de réflexion. Il pensait tout le temps. Il dessinait des projets, des ailes qui font penser aux delta-planes d'aujourd'hui. C'était un homme très croyant.

Pendant la guerre il récupérait des sacs d'alumine pour nous couper des habits, des pantalons. Ils portaient la marque Péchiney, alors on les teignait. Avec des fibres de sacs récupérées une à une il faisait des tresses, les cousait ensemble pour fabriquer des semelles de corde et des espadrilles. Oui, c'était quelqu'un. »

Le couple Mankovsky-Marabuti engendre une descendance qui sort quelque peu de l'ordinaire, malgré les conditions précaires de l'existence à Rioupéroux. L'un des fils travaille à l'ONU à Genève, un autre dirige une usine au Canada, un troisième occupe un bon emploi à Valence. Nicolas est resté au pays. On peut dire qu'il a épousé le pays avec la passion des enracinements difficiles.

« Pendant la guerre, les gens étaient défigurés par les privations. J'allais chercher, à pied, un litre de lait à Bourg d'Oisans. A 11 ans je me suis embauché comme berger à la Grave chez Marcel Sionnet, le maquignon des Terrasses, je gardais vers la Buffe. Puis je suis allé chez René Castillan de Villar d'Arène, j'aidais le fromager au chalet Rey, entre les Cours et le Lautaret. J'ai mangé le pain noir qu'on cassait avec le marteau et qu'on ramollissait dans un torchon mouillé. J'étais heureux. Ensuite je suis allé à Vizille pour préparer le CAP de mécanicien-ajusteur et en 1949 je m'embauchais à l'usine de Rioupéroux.

Pour travailler dans mon métier il aurait fallu avoir des appuis. Je suis donc entré à la fabrication, aux travaux les plus pénibles.

En 1950, à la mort de mon père, je demande à travailler comme arracheur de barres. Tu étais quasiment dans le four, avec sous tes galoches la cuve de cryolite qui bouillonnait comme un volcan, à 600-700°. Tu ne pouvais pas rester sans les gants à cause du four et sans le masque à cause des gaz. Les habits prenaient feu si tu ne faisais pas attention. Tous les jours je saignais du nez, la peau gonflée par les projections pelait comme celle des serpents. C'était le travail le plus payé de l'usine, double salaire, on arrêtait parfois à 10 heures du matin. Si je n'étais pas parti à l'armée, en 1952, je crois que je n'aurais pas tenu le coup. C'est à ce moment-là que je suis entré au syndicat.

J'étais considéré comme une forte tête. En 56, j'ai été mis en punition aux Clavaux pour 6 mois, au milieu de 40 Algériens. On m'a accusé d'avoir monté le coup pour une grève, pendant la guerre d'Algérie. On n'a plus voulu me reprendre comme arracheur de barres. Alors j'ai travaillé à l'atelier de silice dispersée ; le bâtiment a explosé, l'ingénieur a été tué. J'ai déchargé des wagons de charbon de bois avec interdiction de parler à qui que ce soit. J'ai nettoyé les caniveaux dans les sous-sols ; la poussière d'alumine coulait comme de l'eau.

En 1958 je faisais partie du comité d'entreprise, comme responsable de la bibliothèque : un chef voulait prendre de l'argent pour acheter un escabeau. Je m'y suis opposé. On a inventé un motif pour me licencier.

Aussitôt je trouvais du travail à Jarrie. Là j'ai participé à la mise au point de l'atelier de titane et de zirconium et depuis 1967 je suis agent de maîtrise. »

Pendant ces péripéties Nicolas se marie à Ginette, ils élèvent trois enfants. Il achète une vieille maison sur le plateau des Clots, au-dessus des fumées, la rénove au prix d'un labeur acharné, cultive un jardin, élève des abeilles.

Pour être adopté, ici, il faut chasser le chamois. Pendant des années, solitaire, Nicolas parcourt la montagne des journées entières. « Ces sacrées bêtes, je les approchais, je les tirais, elles me narguaient. On aurait dit que j'étais ensorcelé. Après beaucoup de peines j'ai réussi à avoir mon premier. Ce jour-là j'ai pleuré comme un gosse, je l'embrassais. Pour rentrer à la maison on aurait dit que j'avais des ailes... Le second c'était une bête formidable : tout le monde lui courait après sans résultat. J'étais monté avec un jeune pour tirer des marmottes et je te la vois qui me regardait, on aurait dit un petit âne, et des cornes comme un bouc de berger. Boum ! Carreau... Le trophée est un des plus beaux de l'Oisans. Des connaisseurs sont venus se mettre à genoux devant. Tu sais que je n'avais pas goûté de chamois avant d'avoir tué mon premier. »

La vie de Nicolas, c'est la passion de vivre en montagne, c'est le lancinant besoin de s'enraciner ici. Sa grande fierté c'est d'avoir un fils moniteur de ski et accompagnateur en moyenne montagne. L'œuvre de sa vie, c'est d'avoir édifié un refuge au pied du Taillefer, il y engloutit ses économies, il y consacre ses journées de repos, travaillant parfois sous la neige. Son plaisir, c'est de monter là-haut avec un sac de ravitaillement et de contempler les montagnes d'Oisans. Mon plaisir à moi c'est d'avoir donné un coup de pouce pour que ce rêve s'accomplisse.

Pierrot le maire

Moustache fournie et avantageuse, œil vif, tour à tour malicieux et intraitable, teint rougeaud de fonceur, tel est Pierrot Faure, le maire de la plus montagnarde et de la plus vaste commune d'Oisans : St-Christophe. Il a formé le pari de faire revivre son pays. Non par des discours mais par des actes. Pari audacieux, voire périlleux.

Il succède à un personnage de caractère et de courage, Jules Carrel, descendant du Bersaglière, guide muletier, entrepreneur de transports, et de travaux divers. Toujours présent sur le terrain et quasiment inamovible.

Pierrot compte à son actif quelques « coups » de génie. La négociation avec les dirigeants de la station des Deux-Alpes pour l'utilisation par les skieurs du glacier du Mont-de-Lans atteste d'une sagacité et d'une ténacité peu communes. Le budget de cette pauvre commune y gagne pas mal de rondeur engendrant des possibilités de se moderniser. Desservi par une seule route acrobatique l'été, aléatoire l'hiver, St-Christophe a pu s'améliorer. Et peu à peu les hameaux desservis jadis par les sentiers à talons, le portage à dos de mulet ou à dos d'homme connaissent les avantages de la desserte carrossable.

J'ai entendu quelques « observateurs » puristes et intransigeants gloser sur l'invasion des routes et des pompes de la civilisation dans ce pays « sauvage » destiné, selon eux, à témoigner des siècles passés. Je les ai entendus vitupérer la nouvelle route d'hiver. Facile, quand on n'est pas soi-même impliqué. Le sang des marmottes en hibernation circule au ralenti... la circulation c'est plus que jamais la vie en nos temps enfiévrés.

La cure était déserte, l'école abandonnée : Pierrot et son conseil municipal ont transformé ces bâtiments en gîtes communaux.

La faiblesse de la population hivernale plaçait la commune à l'avant-dernier rang du déneigement. Mettant en application l'adage « aide-toi, le ciel t'aidera » la municipalité de St-Christophe s'est procuré des engins de déblaiement et de déneigement qui lui permettent de se désenclaver.

Les campeurs sauvages envahissaient les rares champs à peu près plats, des Etages à la Bérarde, et l'ombre des bouleaux dans la plus joyeuse anarchie, au détriment de la propreté de l'environnement, de l'économie communale et des charges du contribuable autochtone. La municipalité a décidé d'organiser un terrain de camping doté de toutes les installations sanitaires, en zone du Parc, mais l'environnement naturel a tout à y gagner.

Les projets foisonnent dans les cartons municipaux : création d'une micro-centrale alimentée par les eaux du torrent du Diable et leurs centaines de mètres de chute libre, desserte améliorée en images télévisées et en téléphone, améliorations pastorales et forestières, réfection de sentiers, salle de réunions et d'animation... que sais-je encore.

Ce diable de maire fait peur et passe volontiers pour un aménageur implacable et un destructeur de chlorophylle. Mais il faut bien que là-haut les gens puissent vivre autrement qu'aux temps des lampes à huile et de la chèvre salée, n'en déplaise aux écolos idéologues.

Ses démêlés avec le Club Alpin Français et l'établissement public du Parc des Ecrins défrayèrent un temps la chronique. Brouilles orageuses et réconciliations sans concession au détriment de la communauté. Pour défendre l'autonomie locale et la maîtrise du peuple de ces montagnes sur son patrimoine ne faut-il pas, à certains moments, montrer les griffes.

Certes, Pierrot ne possède pas une voix de stentor pour clamer à tous vents le bon droit de la communauté et conduire ses troupes à la bataille pour survivre. Néanmoins, le petit torrent de sa voix, rapeux et rageur, qui par moments s'enfle et fait appel à toutes les ressources du regard, du geste, de la conviction, de la formule pittoresque de l'humeur et de l'humour, témoigne de la volonté indomptable qui habite ce petit bonhomme qui est un grand Monsieur. Usant d'un mauvais calembour, on pourrait le qualifier de Faure comme un Turc.

Pierrot a vécu son enfance au village de St-Christophe. « A l'école, dit-il, nous étions une quarantaine, depuis les tout-petits jusqu'à des gaillards de 18 à 19 ans. Les parents les envoyaient à l'école pendant l'hiver pour essayer de leur faire attraper encore quelque chose.

Dans le pays on ne vivait pas plus mal qu'aujourd'hui. En hiver les hommes étaient embauchés pour ouvrir la route. Depuis St-Christophe on faisait la trace en damant la neige à petits pas. Un aller et retour et c'était bon. On utilisait la pelle et la pioche pour couper les avalanches. Sous celle de Péméon on perçait un tunnel. Au printemps il fallait nettoyer la route, dégager les pierres, refaire les chemins. C'étaient trois mois de paye assurée.

Avec la culture et l'élevage ; le pain, le fromage, le lait, les patates, les choux-raves, deux ou trois chèvres au saloir, un ou deux cochons, on avait de quoi tenir. Le métier de guide par-dessus, la vente de quelques chevreaux, agneaux, génisses apportaient de l'argent frais. Tout ça a été balayé. Et maintenant il ne faut compter que sur nous.

On apprenait le métier de guide en devenant porteur, puis guide de 2e et de 1re classe selon les points marqués en fonction des courses et des appréciations des clients sur le carnet. C'était la vraie formation sur le terrain.

Je me trouve avec Germain Turc, Claude Turc, Pierrot Brun, à la charnière entre cette pratique et la formation à l'Ecole Nationale. J'avais 20 ans en 44 quand j'ai effectué le stage de premier de cordée, avec Gaston Rebuffat, à Chamonix. Nous avons fait la deuxième traversée des Aiguilles du Diable : dans le sac quelques pommes de terre, du pain noir, un peu de chocolat. Beaucoup de nos collègues n'ont pas tenu le coup. Nous, on était habitués à la dure. Bien souvent les jambes flageollaient dans la montée au refuge du Couvercle, aux Egralets. »

Pierrot réalise une saison de guide à St-Christophe. Avec ses collègues, il effectue la première ascension de la face Nord du Bec du Canard, de la face Ouest de Lauranoure. Course qui laisseraient augurer une brillante carrière. Mais l'alpinisme se démocratise, la clientèle privée aisée se faire rare. Il entre donc à l'Union Nationale des Centres de Montagne (U.N.C.M.), devient moniteur-chef, puis chef de centre et mènera son cursus de guide au milieu des jeunes et deviendra un organisateur concret, souriant et compétent.

Dès l'approche de la retraite, il décide de se reconvertir et de s'établir à St-Christophe : prêchant d'exemple le retour et l'établissement au pays. Transformant dans le style local, avec le respect de la pierre, la maison de ses ancêtres, il crée un bar-restaurant en plein cœur de la vallée pour y vivre à longueur d'année. A l'occasion, il n'hésite pas à prendre le volant d'un engin de déneigement ou d'un véhicule utilitaire. Il court dans les bureaux, visite les chantiers. En somme, Pierrot réalise aujourd'hui une idée qui s'est peu à peu précisée dans son esprit : secouer la léthargie d'un pays qui se meurt. Attirer des jeunes actifs et entreprenants au pays de St-Christophe. Telle est l'ambition, je dirai le pari, de ce maire bien dans sa peau. Sa principale obsession porte aujourd'hui un nom : réhabiliter St-Christophe, au cœur d'une montagne qui devrait être plus qu'un paysage : un pays où des gens vivent.

CHAPITRE 9

L'envers du décor

Milou

Six heures du matin. La nuit n'a pas encore cédé aux premières lueurs du jour naissant sur la Tête de Chien ou sur les Crêtes de la Sure. Le Bourg d'Oisans s'éveille péniblement au passage du laitier et des messageries. Milou avale son café, allume sa première cigarette, fait « tourner » sa voiture en attendant son beau-frère et son fils qui travaillent avec lui à la station, aux remontées mécaniques.

Il a encore neigé. Depuis deux ou trois heures les « gars des Ponts » sont à l'ouvrage. L'étrave des engins de 300 à 400 chevaux pousse la neige comme la crête d'une vague. Avec facilité. Il faut ouvrir la route afin qu'il arrive à l'heure à son travail.

Lorsque le flot des touristes encombrés de leurs skis, entravés dans le carcan de leurs chaussures, équipés comme des cosmonautes se présentera aux guichets des téléphériques, des télécabines, télésièges et téléskis pour s'adonner au jeu de monter et descendre sans fin, là-haut, de 2000 à 3200 mètres, toutes les équipes devront être en place : chefs d'exploitation, perchemen, cabiniers, mécaniciens, vigies, contrôleurs.

De Besse, Clavans, Mizoën, le Freney, Venosc et Mont de Lans, Allemont et des villages d'alentour, en fourgons ou en voitures, le convoi des travailleurs de la neige va se joindre à la voiture de Milou. Mal réveillés par une toilette sommaire, engoncés dans leurs anoraks brillants de crasse, une courroie de sac tyrolien lesté du casse-croûte accrochée à l'épaule, après le traditionnel canon de blanc du matin, ils vont tous « attaquer » une journée de plus.

Surmontés par les gigantesques rouages d'acier, sous les tôles et dans le courant d'air des gares, sur le béton des quais d'embarquement, dans le tintamarre des bennes et le grincement des cables, ils vont charrier du touriste. Sous l'œil blasé des contrôleurs qui ne voient défiler que des « forfaits », sous le regard absent des manipulateurs de bennes, sous les coups de gueule des chefs d'équipe qui, de temps à autre, remettent de l'ordre dans les files d'attente perturbées par les resquilleurs de places, pressant les petits paquets agglomérés de remplir les bennes, les skieurs vont défiler, indifférents eux aussi. Ils sont dénommés « les crabes » à cause de la nécessité de se déplacer par le travers.

La journée finie, Milou et ses collègues boivent le dernier canon de rouge, attablés à deux ou trois dans un bistrot où on fait des prix aux gens du pays, avant de regagner dans la nuit tombée, la maison plus ou moins éloignée. Parias de la grande fête des loisirs, habitués au remue-ménage et au clinquant de la station, la bretelle du sac à l'épaule, contents après tout d'avoir de l'occupation et d'avoir gagné leur journée.

Bastien

Six heures du matin. Dans son étable chaude et moite de Besse en Oisans, Bastien a déjà donné la ration de fourrage à ses vaches. Ce fourrage, il est allé le ramasser dans la plaine du Bourg ou ailleurs et il l'a charrié en pleine nuit, faisant des efforts pour ne pas s'endormir sur son tracteur, courant le risque des gendarmes à cause d'un phare défaillant. Dans le bruit des seaux, de la machine à traire, des ruminations et des remugles, sa femme « tire » le lait chaud et écumeux qui va constituer le gagne-pain de la journée.

L'homme aidé de ses jeunes garçons, d'une fourche experte dégage le fumier, fait déplacer une jambe, charge la benne « fabrication maison ». Grâce à des cables, poulies, moteur de récupération, il a imaginé un ingénieux dispositif qui prend le fumier à l'étable, le monte à la grange, le fait courir sous la faîtière de la charpente et le déverse à l'arrière du bâtiment.

Quand il aura fini de « soigner » et de traire, il lui faudra dégager le fourgon enfoui sous le « manteau d'hermine », joie des contemplatifs, et se battre contre cette maudite neige qui s'accumule et bloque les passages. Si la route n'est pas encore déneigée il faudra « bourrer » dans les coulées, avec de la poudre jusqu'au capot, se méfier des accotements écartés jusqu'au-dessus des ravins. Pour le compte de la CUMA laitière du Haut-Oisans, réduite à deux ou trois irréductibles, fidèles au pari initial, il ira livrer dans quelques hôtels et collectivités, fidèles aussi au lait du pays et qui ont préféré à la facilité du lait en boîtes banalisé des grandes coopératives, les aléas de la livraison de Bastien.

Il y a belle lurette que ces coopératives, sous le prétexte des excédents de l'Europe verte, des coûts de ramassage en montagne jugés prohibitifs et au nom de la rentabilité ont arrêté de recueillir le lait de nos montagnes. Les câbles qui descendaient les bidons dans la vallée sont désormais inutiles. Les techniciens agricoles ont conseillé aux paysans de se reconvertir au veau, à la viande, voire à l'élevage sélectionné.

Bastien, lui, continue parce que « vingt-cinq mille lits », à côté, ça devrait faire vivre des paysans... Mais la logique n'est pas toujours au rendez-vous. La barbe en bataille, l'œil brillant de passion, chaussé de croquenots, imprégné de l'odeur du foin et de l'étable, acceptant ou refusant selon la « presse » du moment une tasse de café, un canon, un peu de goutte, il est un des derniers témoins d'un monde paysan voué au folklore.

Bastien, c'est à lui seul, un monde, une légende. Très jeune il dut remplacer le père, qui paysan l'été, mineur l'hiver, périt en 1950 dans un dortoir, bousculé par l'avalanche de l'Herpie avec 9 camarades de Besse, d'Auris, de Mizoën et de Clavans. Des hommes capables de porter en deux traites un sac de charbon sur le dos, des heures de marche durant dans la neige, à travers la montagne.

C'est une santé : des mains larges comme des battoirs, des épaules de déménageur, une résistance d'enfer au labeur, au sommeil, à l'effort. C'est un caractère : une fougue de taureau qui bouscule les accomodements, les connivences, les nuances aussi. Ses démêlés avec ses maires, ses compatriotes, les gendarmes ont fait le tour du pays. Qu'importe. S'il est vrai que la foi peut encore déplacer les montagnes, il faut s'adresser à Bastien.

D'une étude sur l'avenir du pays menée avec les jeunes de Besse — c'était dans les années soixante — il ressortait que la coexistence de l'agriculture et du tourisme dans ce village serait grandement facilitée par la construction d'une étable communautaire. Quand il s'agît de passer au projet concret les choses ne parurent plus si faciles. Chacun craignait peut-être de « se faire possèder ». Et Bastien de s'écrier : « Si vous ne la voulez pas l'étable communautaire, je la ferai tout seul ».

Une année, il avait traité à « prix fait » la concession du moulin : travaillant le jour, moulant la nuit. A la fin de la campagne, restait en attente le blé du maire... Cette année là une équipe de Bessats, après avoir ouvert la route de Rif Tort, refait l'adduction d'eau (il faut en parler aux compagnons de travail de Bastien), installait la canalisation d'égoûts au village. Bastien avait aménagé un gîte rural pour recevoir des vacanciers et améliorer ses revenus. Et son branchement tardait... Je me trouvai un jour entre Bastien et son maire... m'efforçant de faire concorder langages et raisonnements... Les heures passaient et les bouteilles se vidaient... nous tournions en rond et chacun campait sur ses positions. En fin de compte le maire cède : « Mouds-moi mon blé et je fais commencer demain devant ton gîte. » Il était plus de minuit... et Bastien formula cette conclusion sublime : « Prenez la pelle et la pioche et commencez la fouille séance tenante et moi je vais vous moudre séance tenante. »

Il y a bien longtemps déjà, nous étions au premier jour des vacances de Noël, j'entends les gros souliers de Bastien dans le couloir de la maison d'école.

— Debout là-dedans, on descend à Grenoble !

— Euh ? Qu'est-ce qui te prend ?

— On a du monde là-haut, pas de neige, je fais une patinoire...

— Es-tu fou ?

— J'ai besoin de toi pour trouver des patins d'occasion, connaître les règlementations, voir pour les assurances... La glace, je la connais, j'en ai assez fait à l'Alpe d'Huez et aux Deux-Alpes, toute la nuit dans la flotte...

Les patinoires en effet c'était l'affaire des Bessats, spécialistes en la matière.

Et nous voilà partis... Toute la journée nous courons d'un endroit à l'autre. A 4 heures du soir, la « deux-chevaux » était bondée, mais en panne. Bastien appelle au téléphone « l'ancien curé Coindoz » qui vient nous remorquer, nous fait manger et nous prête son lit. Toutes les heures Bastien, agité, se retourne d'un bloc :

— Quelle heure il est ?

— Laisse moi dormir !'

Au lever du jour nous tambourinons à la porte du garagiste qui, de guerre lasse, se lève, nous dépanne. Et nous voilà en route.

Bastien me dépose fourbu devant la maison, monte à Besse, prend son tracteur, recueille la neige sur les envers des toits, fabrique sa patinoire dans la cour de la colonie, ancienne école, et la met en glace pendant toute la nuit. Le lendemain, les joyeux patineurs de Besse s'amusaient sous le soleil.

Pour vivre ici, il faut être « têtaru » comme on dit.

Jean des pistes

Six heures du matin. Jean qui est pisteur-secouriste jette un coup d'œil à la fenêtre. Aujourd'hui il faut aller dynamiter pour « purger » les pentes de la surcharge de neige. La sécurité des skieurs l'exige. Il enfile en vitesse les habits de travail, avale son café à moitié chaud, emballe en vitesse le casse-croûte et se hâte vers la première benne réservée aux hommes de l'entretien.

Beaucoup rêvent de ces métiers de neige, moitié loisir, moitié travail, dans la belle poudreuse et sous le « soleil haute fidélité ». Or, pour le pisteur la belle neige poudreuse signifie danger d'avalanche, vigilance sur les skieurs grisés de profonde et inconscients des dangers. Les longues périodes de beau temps signifient pistes glacées, skieurs embarqués sur le dos filant la tête en avant vers quelque pylone ou vers quelque obstacle, les évacuations difficiles, les skis accrochés à la pente, les membres crispés par l'effort.

Le séjour en altitude signifie les pieds huit à dix heures par jour dans des chaussures contre nature, la colonne vertébrale tordue par une position forcée et les premières douleurs qui se manifestent dès l'âge de 24 ou 25 ans. Le travail aux pistes signifie l'écœurement du casse-croûte invariable et froid, expédié dans la cabane, l'esprit en état de veille. Il signifie aussi skier en transportant tantôt des jalons, tantôt des filets, tantôt la pelle et la pioche, tantôt un paquet de dynamite. C'est rarement le ski en liberté.

Le métier de pisteur représente un travail qualifié. Il faut subir des examens : secouriste, premier degré, réanimateur, observateur météo, artificier, maître-chien, il faut se recycler au gré de l'évolution des techniques, de la science nivologique, et de la fréquentation des pistes et du hors piste en constants progrès. Le métier de pisteur est un travail de responsabilité : la moindre défaillance, le moindre incident se traduit par des plaintes, des poursuites, des procès, conséquences d'une vie sociale sur-protégée, sur-assistée. C'est un travail de risques. Les pisteurs des Deux-Alpes se souviennent de leurs deux camarades pris dans le brouillard, emportés par une coulée au-dessus d'une barre rocheuse d'une vingtaine de mètres, broyés, cassés, et miraculeusement rescapés grâce à l'intervention immédiate de leurs copains. Les pisteurs de l'Alpe d'Huez se souviennent d'un des leurs mort de froid et d'épuisement dans la tempête et le brouillard, perdu à quelques minutes de ski de la station.

La rançon de ces qualifications, de ces responsabilités, de ces risques, c'est la vie chère parce qu'artificielle, c'est un salaire de manœuvre.

Montagnes...

Chemin d'arêtes
au glacier de la Pilatte.

Antiques refuges
(la Selle, la Pilatte).

A droite
Champ de sérac
au Glacier No

A droit[e]
« La Meije était seule
conserver la lumièr[e]
vestale incorruptible (..
au-dessus de la hou[le]
grise des somme[ts]
éteints.

Ci-dessous :
Etiage hivernal
du Vénéon

Vagabondage
par les glaciers.

Au Glacier Blanc.

Pages suivantes :
La Meije, vue du plateau d'En Paris.

La Muzelle et l'aiguille de Venosc.

A droite : ombres et lumière
Pages suivante
Les Bar

Aiguille du Plat de la Selle, sentinelle du Vénéon.

A droite : sérac erratiqu
Page suivante
Une lumière qui parl

Beaucoup sont entrés aux pistes par la petite porte. Comme Jean ils ont fait leur purgatoire aux remontées mécaniques. Il connaît le glacier parce qu'il fit une saison au départ du télésiège des Vallons, isolé au-dessus des grands abîmes de la Combe de Malleval. Il a vu la foudre s'abattre sur son engin du Jandri 3, pris une décharge électrique pour s'être précipité sur le commutateur d'arrêt. Il garde de l'événement, en souvenir, un morceau de cuivre fondu venu se planter à ses pieds. Changeant les poulies d'une télécabine, en haut d'un pylone verglacé, il a failli « se cracher », se raccrochant in extrémis. Affecté à un petit téleski de retour, il apprit, en s'informant auprès des anciens, à se dépanner lui-même, recaoutchouter les poulies, épisser les cables... Chaque jour des « touristes » récalcitrants faisaient dérailler l'engin. Il fallait tout arrêter, monter réparer, remettre en route, sous les remarques désobligeantes des gens pressés. Un aide qui lui fut attribué, il remit en marche, alors que Jean était encore occupé à réparer. Après cette belle peur, il préféra se débrouiller seul. Pour compléter son salaire, il se porta volontaire pour passer la nuit à la gare du Jandri à 3200 m. Par les temps de grands froids et de blizzard il fallait se lever pour mettre en route les engins afin d'éviter le dépôt de glace ou de givre sur les cables et les poulies afin de pouvoir fonctionner dès l'arrivée des skieurs.

Ces souvenirs occupent de temps à autre les pensées de Jean... Le soir, avec ses camarades, ils fermeront les pistes, veillant à ce que tout le troupeau rentre au bercail. Si d'aventure un téméraire s'est hasardé sur un itinéraire au-dessus de ses forces, il faudra le rejoindre, le conseiller, l'attendre, éventuellement se charger de ses skis, ou, dans les cas extrêmes, le charger sur une barquette et le rapatrier comme un naufragé de la montagne. Pendant ce temps les lumières de la station brillent de tous leurs feux et les copains ont déjà mis les pieds à l'aise.

Vers quels rivages ?

Nous sommes assez loin de l'avenir radieux prôné par les chantres du développement touristique. Le Docteur Roussillon, médecin à Bourg d'Oisans, écrivait en 1854 : « Un pays aussi digne de l'intérêt des amis de la nature n'est ainsi négligé que parce qu'il n'est pas connu. Son nom, relégué dans le sanctuaire de la science n'a jamais cherché à s'introduire dans la société des heureux dont le suffrage donne la faveur. Nul parmi ses habitants n'a songé à exalter les grandes choses qui l'environnent. »

A la fin du siècle, les alpinistes sont venus et ont vanté le sauvage massif et ses belles montagnes.

En 1926, Louis Cortes, professeur au collège de Bourg d'Oisans, en conclusion de son travail de bénédictin sur l'histoire de l'Oisans écrivait : « Souhaitons que l'aménagement de notre région se complète et s'améliore rapidement, en vue d'offrir au touriste le maximum de facilités. Que des hôtels s'installent pour l'abriter et le recevoir, que nos populations comprennent que le tourisme est l'un des éléments les plus féconds de l'avenir de nos belles montagnes. »

Les promoteurs des grandes stations de l'Alpe d'Huez et des Deux Alpes, gens issus du terroir pour la plupart, à l'esprit pionnier, ont mis en pratique ces maximes.

En 1975, Marius Hostache, né à Auris, parachevait ses « Souvenirs de montagnes d'Oisans » par ces vœux : « Nous souhaitons que l'aménagement de notre région continue de se compléter afin que les quelques communes qui ne sont pas encore développées le soient à leur tour afin d'offrir aux touristes le maximum de facilités. »

Singulière convergence, remarquable continuité : le tourisme panacée. A travers ces lignes on croirait saisir un écho des refrains scientistes du siècle dernier. « Ouvrez une école et vous fermez une prison. » La science va engendrer le progrès et le progrès va améliorer nos ressources, notre vie et nous apporter le bonheur sans nuages. Optimiste naïf.

Nos contemporains en sont bien revenus. Lorsqu'en 1968, les jeunes, condamnaient sans appel la « société de consommation », pendaient à la lanterne les mythes éculés. Jacquerie citadine sans lendemain. Dans la foulée, les mouvements écologistes viennent nous enseigner les vertus du retour à la terre et de la vie sauvage. Ils s'efforcent d'endiguer les débordements du développement touristique, jetant leurs anathèmes à l'encontre des routes, des cables, des stations touristiques. Certains ont même cru bon attribuer à ces doctrinaires, sinon la réalisation, du moins l'inspiration de l'attentat au plastic perpétré contre la gare du téléphérique de la Grave.

Nous aurions néanmoins grand tort, révérence parler, de « cracher dans la soupe ». Sans les usines de la vallée, sans la grande usine des loisirs et de la neige, l'Oisans serait devenu désert. Les jeunes gens et jeunes filles de ce pays seraient partis gagner leur vie ou leur mort dans les clapiers des banlieues usinières ou dans les bureaux climatisés des quartiers d'affaires.

Il faut bien se garder de dénigrer les routes, même si la circulation automobile y est devenue un enfer, par elles la vie circule comme le sang. Il faut bien se garder de honnir les câbles à remonter les pentes, mais à dévaler le temps. Ils apportent des emplois. Il faut bien se garder de maudire les immeubles anonymes des stations. Ils apportent du travail et des sous aux jeunes gens et jeunes filles.

Le tout c'est de savoir où s'arrêter, de ne pas trop tirer sur la corde afin de conserver un équilibre. La vie rurale, l'agriculture ont beaucoup souffert de la monoculture touristique. Etait-il possible de faire autrement ? Le pays tend à se réduire aux grandes stations cosmopolites, à quelques lieux de passage et à un désert nommé Parc. Est-ce une fatalité ?

L'équilibre agro-touristique de la Suisse, de l'Autriche, voire du Beaufortain, Tyrol français nous est-il inaccessible ? Certes, les remontées mécaniques sont descendues des Deux-Alpes vers les villages de Venosc et de Mont-de-Lans pour raccrocher le bas pays à l'activité d'altitude. Mais la force des habitudes n'entraîne que des résultats limités et décevants. Jamais on n'a autant parlé de « pluri activité », de « vaches tondeuses » et de paysans « jardiniers de la montagne ». Les pentes skiables restent envahies de « kaïrel », le bétail étranger, à la rigueur, vient animer les pâtures d'été, les champs restent en friches. Et le lait, le pain, les pommes de terre continuent à « monter » de Grenoble. Le pays paysan reste zone sous-developpée.

Loin de moi, l'idée du retour au passé besogneux, au temps des lampes à huile et des anciens folkloriques. Le pâtre écoute le temps et le bourdonnement du monde à son transistor, les bêtes d'aujourd'hui sont vaccinées, pédiluvées, tatouées, sélectionnées. C'est utile pour la santé des troupeaux. Les voix et les nouvelles traversent l'air d'Oisans portées sur les ondes hertziennes. Celles-ci raccourcissent les distances et cassent les méfaits de l'isolement. L'informatique, l'électronique et toutes les inventions du siècle devraient être des outils de décentralisation et les villages continuent de mourir. Les doctrines écologistes prônent le retour à la nature, et le retour à la terre se heurte aux pires difficultés. Jamais la théorie de Bergson du décalage entre le progrès technique et le supplément d'âme n'a paru aussi actuelle.

Supposons que les écoles acceptent d'accomplir la révolution de Copernic, à savoir que l'on décide d'adapter la société à l'homme et non l'homme à une société déjà périmée. A savoir que l'on apprenne aux enfants comment mieux vivre et travailler dans leurs villages, les mettre en valeur, plutôt qu'à fuir vers des emplois et des perspectives illusoires. En un mot dispenser un enseignement pour les enfants et non adapter les enfants à un enseignement fantôme et dépassé.

Supposons que la rentabilité et l'accroissement indéfini des bénéfices ne soit plus la norme. Supposons qu'ils deviennent un moyen et non plus un fin. Supposons que l'argent n'aille pas vers l'argent et que la pauvreté ne se cumule plus avec la pauvreté. Supposons que la réussite individuelle n'oublie pas la réussite de la communauté et du village. Supposons que le tourisme ne dévore pas l'agriculture, que la ville ne dévore pas la campagne. Supposons enfin que nous allions jeter un coup d'œil chez les Suisses, les Autrichiens, voire les Savoyards.

Alors peut être que les champs redeviendraient champêtres, les chemins cheminés, les pâtures pâturées, les habitations habitées.

Alors peut-être verrions-nous des cultivateurs cultiver, des éleveurs élever, des maçons maçonner, des menuisiers menuiser, des boulangers boulanger, des charcutiers charcuter, des commerçants commercer, des pâtres faire paître leurs bêtes et des paysans vivre au pays.

Alors peut-être y aurait-il promesse de mariage entre la neige d'hiver et les champs d'été, entre la station et le village, entre la terre et les maisons, entre les producteurs de lait, de pommes de terre et les marchands d'air, de paysages et de loisirs... ou d'illusions.

Alors peut-être y aurait-il promesse de mariage entre l'Oisans d'hier et l'Oisans de demain, entre l'Oisans traditionnel et l'Oisans moderne.

Pierre Paquet me disait un jour : « Regarde tous ces champs à l'abandon. Pendant la dernière guerre, ils étaient cultivés et propres. Et maintenant, si une catastrophe nous tombait dessus, il faudrait beaucoup de peine pour les remettre en valeur. Et pour certains, ça n'est pas sûr qu'on y arrive. »

Et comme en écho, Roland Martin, maire de Bourg d'Oisans, Venocain d'origine, ne cesse de dire et de redire ces paroles qui sont sagesse : « Nous ne devons pas disposer de toutes les terres de la commune. Nous serions bien inspirés d'en mettre en réserve pour l'agriculture ou pour des usages que nous ne connaissons pas, afin que nos enfants, nos petits-enfants et nos arrière petits-enfants conservent la liberté d'inventer leur avenir ».

Les auteurs

Roger Canac

Président du Syndicat National des Guides, Roger Canac est avant tout un montagnard attaché à ses racines (il dit : ''Je suis un rural de souche'').

Son titre de gloire est d'avoir été instituteur pendant plus de vingt ans dans un village de montagne, à Mizoën, puis au Bourg-d'Oisans. Ce bouillant adjoint au Maire a également été le fondateur du Centre de Formation aux Métiers de la Montagne du Bourg-d'Oisans.

Roger Canac a également écrit :
La montagne *(Seuil, 1968)*
L'or des cristalliers *(Denoël, 1980)*
Gaspard de la Meije *(Presses Universitaires de Grenoble, 1984)*
Jacques Balmat, dit Mont-Blanc *(Presses Universitaires de Grenoble, 1986)*

Il dirige par ailleurs la collection ''L'empreinte du temps'' aux Presses Universitaires de Grenoble.

Bernard Boyer

Photographe, cinéaste, Bernard Boyer s'est fait le témoin de la vie dans les hautes vallées de l'Oisans.

Il a réalisé plusieurs reportages photographiques pour des revues de montagne, ainsi qu'un film : *''Les gens de là-haut'',* tourné en Oisans dans les vallées du Vénéon et de la Romanche. Il a également réalisé un long métrage documentaire sur les Iles Feroë, dans l'Atlantique nord, qu'il présente dans ses tournées de conférences.

Sommaire

Achevé d'imprimer en France par Pollina s.a., 85400 Luçon - n° 13398
Dépôt légal : janvier 1991
Imprimé en France